図書館長論の試み

——実践からの序説——

内野安彦

樹村房

はじめに

現在、わが国の公共図書館は約3200館余を数えます。その図書館では「館長」を拝命した職員が常勤あるいは非常勤として経営の指揮を執っています。その数は約1600人に上ります。この数の差はいうまでもありません。図書館関係者以外の読者もいるかと思いますので説明しますと、一人の館長が複数の館の館長を兼務しているからです。実際に、私は茨城県鹿嶋市では2館、長野県塩尻市では9館の館長を兼務しました。

地方自治体が、ある程度の人口規模や行政面積になると、図書館は、本館（または中央館）のほかに、分館、地域館等の位置づけで、小規模の図書館を設けるようになります。あるいは、市町村合併により、同じくらいの規模の図書館を複数持つことになる場合もあります。

図書館の館長は、地方自治体の本庁の役職でいえば、部長級から課長補佐・係長級まで、その人口規模によってさまざまです。小さな村においては、教育長が兼務している場合もあります。単に「館長」といっても、一人しか部下のいない館長から、政令指定都市になれば、所管の分館の職員を含めると、数百人のスタッフを抱える中央館の館長もいます。それくらい図書館の館長には差があります。人口6万7000人の塩尻市ですら、筆者が館長を務めた図書館の職員は60人余いました。地方自治体の役職で、図書館長ほど、そのイメージが描きにくい管理職はありません。例えば、人事課は、どこの自治体でも、スタッフは10～20人前後です。人口規模が大きくなれば、この人事課が給与課、福利厚生課等に細分化します。さらに大きくなると、人事関係を扱う各課が「人事部」等の組織にまとめられます。ですから、スタッフを60人も抱える「人事課」というのは、あまり例がないと思います。それだけ、図書館長というのは、地方自治体ならば、出先機関の保育所や幼稚園を所管する部署と同様に、多くのスタッフを抱えるという点で、人事管理が大変であるといえます。

本著は、筆者が2012年に上梓した2冊の本『だから図書館めぐりはやめられない』『図書館はラビリンス』の流れを継ぐ本として著しました。先の2冊は、一般の読者（図書館関係者以外の方）でも読めるように、筆者の卑近なエピソードに図書館の話題を織り交ぜたエッセイとしました。その結果、従来の図書館関係本ではあり得ない読者からの反響を得ることができました。

塩尻市の某書店では、『だから図書館めぐりはやめられない』が、2012年の年間ベストセラーの2位を記録しました。鹿嶋市の某書店では、本の売り上げランキングのベスト10に4か月余ランクインしました。このランキングは、地元のコミュニティFMで、毎週オンエアされます。書名、著者名、出版社と、そして本の概要が流れます。『だから図書館めぐりはやめられない』が圏外になった後は、すぐに『図書館はラビリンス』がランクインしました。これらは、図書館関係者以上に、一般の読者が購入してくれたことによるものだと思います。

一方、図書館関係者からの反応としては、『図書館はラビリンス』を司書養成科目である「図書館概論」のテキストに採用してくれる大学が現れました。

エッセイとはいえ、図書館の世界を綴ったものです。一般の読者にとって、これまであまり読んだことのないタイプのエッセイだったはずです。一方、図書館関係者にすれば、書名に惹かれて手にしたものの、中途半端な印象は拭えなかったと思います。そのような内容にもかかわらず、受け入れてくれた読者がいたことは幸いでした。

特に長野県内で流通する新聞では、数紙に取材記事が掲載され、書評やコラムにも取り上げられました。これは、私が塩尻市の図書館長を務めたということもあるでしょうが、一般の方も読めるようにエッセイ仕立てで編集したことが功を奏したと思います。もしも、カバーも書名も堅いイメージの専門書的な本であったら、こういう反響は得られなかったと思います。

そして、何よりも嬉しかったのは、埼玉県の飯能市立図書館員が作成した2012年のヤングアダルトのブックリストに、2冊の拙著を「図書館職員に力をくれる本」として紹介してくれたことを、インターネットで偶然見つけたことでした。図書館の書架でいえば、NDC（日本十進分類法）の世界を右往左往するような居場所の定まらない本であっても、ちゃんと真意を汲んでくれたことに快哉を叫びました。

これまで、そして今でも、全国の図書館員がひたすら願っていることは、「一人でも多くの人に、まず、一度でいいから図書館に来てほしい」ということではないでしょうか。私がパーソナリティを務めるラジオ番組に、電話出演していただいた50人を超える全国の図書館員や、図書館関係者も、異口同音にこのメッセージをリスナーに伝えています。

　こうした図書館員の思い（もちろん、筆者を含め）を一般読者に伝えるため、そして、全国の頑張っている図書館員にエールを送るために上梓したのが先の2冊の本でした。

　こうした伏線があることと、数年前から文部科学省と筑波大学が共催で行っている新任図書館長研修や、各県立図書館が主催する新任図書館員研修や館長研修の講師を務める度に痛感したのが、図書館長の仕事をわかりやすく解説した本の必要性でした。もちろん、それは館長だけではなく、それを読む部下にとっても有用な図書館長や図書館の仕事がわかる本でした。「図書館長は毎日何をやっているかわからない」と、スタッフから不思議がられる存在であってはいけないのです。

　もちろん、斯界の先達が著した類書はあります。しかし、図書館長に焦点を絞り、その使命、職責などを論じた新任館長向きの本は僅少で、その多くは自らの図書館経営の軌跡を綴った実践記です。

　また、図書館長の職責等については、『図書館経営論』や『図書館制度・経営論』等の図書館情報学のテキストでも触れられてはいますが、多くの頁を割いてはいません。もとより、これは編集上、仕方のないことです。

　筆者が館長論の執筆に逡巡したことは確かです。それは、筆者がその任に相応しいか、という点です。斯界には素晴らしい実績を残した多くの先達がいます。図書館長の経験が僅か6年に過ぎない筆者にとって、とうてい書けるものではない、と自問しました。しかし、筆者の講演を聞いていただいた方や拙著を読まれた方から、先の2冊と同じように、読みやすい実践的な職員論を出してほしい、との声が寄せられ、背中を押してくれました。専門書的な内容はとうてい筆者の書けるものではありません。体験を通じてのノウハウを伝えるものならばと思い、執筆を決意したのです。

図書館情報学の研究の中で、職員論はあまり活発に論じられていない気がします。中でもノウハウ的な館長論は、現職の館長か館長経験者でなければ書けないと思います。どんなに優秀な副館長や係長であっても、実際には館の総括責任者ではありませんし、予算や人事の最終的な権限はありません。資料の提供、職員の接遇、施設管理等、図書館の瑕疵が生じれば、その責任は館長にあります。その経験があって初めて書けるものではないでしょうか。

しかし、図書館長は、スタッフが指示どおりに動いてくれなければ、一人では何もできません。スタッフとのコミュニケーションが図れていなければ、その綻びは利用者から丸見えです。また、市長が変わったり、財政が逼迫したりしたら、図書館の予算が大幅に削減されることは珍しいことではありませんし、地方自治体の正規職員であれば、いつ異動になるかもわかりません。本を上梓した途端、本庁に異動などということも考えられます。これでは、とても現職館長が館長論を書くことはできません。職員の安定した雇用が大事である、と館長論で説きながら、新たな異動先の部署（役職）で、人員整理の急先鋒として職責を果たさなければならないことだって十分にありえます。本に書いたことと、実際の仕事ぶりに乖離があっては、戸惑うのは読者にほかなりません。

現役の自治体職員の場合、退職までの庁内の人間関係等を考えれば、かつての職場のことを、あれこれ書くのは相当の覚悟がいると思います。自分と同じ志を持つ館長が後任として連綿と続いてくれればよいのですが、そうでなければ、本を読んで、期待に胸ふくらませて視察に来た人の失笑を買うことになりかねません。ましてや、職員が本を出すことが庁内で好ましい印象を持たれない地方自治体も少なくありません。

このような背景もあり、活発に館長論が展開されないのではないか、と思います。ならば、拙稿であっても、筆者が書くことで、館長の職責と専門性等に関心が寄せられることを期待しました。私のような者が書けば、この指摘は間違っている、ここにはもう一つの視点が必要である等、今後の議論や研究が展開しやすいのではないか、と考えました。

著者は、茨城県鹿嶋市で、係長、館長補佐として8年間、図書館に勤務しました。9年目に館長に昇任しましたので、他部署からいきなり図書館長になった新任館長と比べれば、仕事の内容で戸惑うことはほとんどありませんでした。しかし、年度早々の館長会議で繰り返される新任館長の〝稚拙な発言〟を聞くたびに、新任館長向けのテキストの必要性は痛感していました。

地方自治体には、企画課、人事課、衛生課、農林課など、さまざまな名称の部署があり、そこには課長と呼ばれる職員が組織の中間管理職として配置されています。しかし、当該自治体の例規以外で、○○課長とは、こうあらねばならぬ、という決まりは一切ありません。ところが、図書館長は違います。図書館法や大臣告知等で、図書館長像が示されています。それは、優れた事務能力はもとより、人格・資質をも求めるものです。

そして、仕える部下は、事務職員と司書（司書補）資格を持つ専門職員です。この点は、地方自治体における保健センターの保健師、給食センターの管理栄養士・調理師、博物館の学芸員等と似ています。このことも、司書資格のない館長にとっては大きな課題で、プレッシャーを覚える館長もいれば、資格の存在が溝を生む結果になっているとも仄聞します。

このように、地方自治体の管理職の中でも、図書館長はきわめて特異な存在といえます。特に他部署から着任した新任図書館長のために、一日でも早く図書館の世界を理解し、楽しんでいただくために書いたのが本著です。個人的な考えもあります。しかし、決して唯我独尊の考え方ではありません。これまで交流してきた何百人という館長を含む図書館員、ボランティア等の図書館に関わる市民、そして利用者の目線で書きました。これまで訪ねた400館近くの図書館めぐりの経験も素地となっています。そして、図書館長である前に、正規職員ならば地方自治体の職員であること、施設を任された企業等の社員であれば、公共施設で働く職員であることを念頭に置いて書きました。

なお、本著は三つの部に分かれています。

I部は、本著のメインとなる章です。館長として特に重要な38項目を挙げて、私の実践を基に書いた「館長論」です。理想を書けばいくらでも挙げられますが、予算がなくても、施設が古くても、熱い思いがあれば可能なことを中心に、考え方を示すにとどめました。

Ⅱ部は、図書館長として活躍されている現職者、もしくは退職者の方に協力していただき、読者の参考となるような実践例や図書館長としての矜持を語ってもらいました。人選にあたっては、運営形態、雇用形態、地域、性別等は考慮しましたが、恣意的なものはありません。ここに登場願った図書館長（図書館長経験者）のほかにもたくさんの尊敬する図書館長、図書館長経験者の知己を得ています。挙げたら、それだけで一冊の本ができてしまいます。

Ⅲ部は、先述した文部科学省、筑波大学の主催による新任図書館長研修で、私が作成したレジュメに加筆修正したものです。

最後に、書名ですが、相当悩みました。館長論といっても、頁をめくってもらいたいのは現職の館長だけではありません。館長を日々見ているスタッフの方々や、図書館とつながりのあるボランティアの方々などにも、先の2冊の拙著と同様に読んでほしいと考えました。しかし、先の2冊のようなエッセイ仕立てで館長論を著すのは難しく、やや専門書的な本となりました。しかし、現場の図書館員に元気を与える本というコンセプトは踏襲しています。一つでも二つでも実践できるような提案として受け止めていただければ幸いです。

増刷にあたって

本著を上梓したのは2014年5月。茨城県鹿嶋市と長野県塩尻市を合わせた6年間の公共図書館の館長経験を基に、副書名に「実践からの序説」とあるように極めて卑近な経験を綴った。書名は不遜とも受けとられなくはない『図書館長論の試み』。そもそも私のような浅学非才の者が書けるようなものではないが、図書館長の姿勢ひとつで職員を、さらに図書館を変えることができるという信念を、特に図書館勤務経験のない着任早々の図書館長に知ってほしいとの一念で筆を走らせた。

幸い、たくさんの公共図書館の蔵書に加えていただいた。個人としてもお買い求めいただき、講演で訪ねた先で参加者から附箋だらけの拙著を見せていただいたことは一度や二度ではない。

タイトルに「図書館長」とつけたため、肝心の図書館員に届かないのではと危惧したが、これは「自分たちの本です」と言われたことがある。若い図書館員にも届いたようである。

本著がきっかけとなったか否かはわからないが、文部科学省の新任図書館長研修において、2015年から「図書館の人事管理」（2017年は「図書館の組織運営と人事管理」と科目名変更）の講義を再び担当することになった。また、全国の県立図書館主催の図書館長研修にも数多く呼ばれてもいる。伝えるのは「図書館長の矜持」である。

平成29年11月

内野安彦

図書館長論の試み　実践からの序説――もくじ

はじめに……1

I部　図書館長の仕事―運営の実際―……15

1. 図書館の組織―モチベーションを生む組織に……16
2. 人事管理―人事管理こそ図書館長最大の業務……19
3. 内部統制―ますます広がる守備範囲……23
4. 人材育成―率先垂範の実践者として……27

5. ボランティア──活動を評価し「育てる」仕組みを……31
6. 個人情報──利用者との慣れが禁物……36
7. クレーム──まずはクレームから学ぶ……40
8. 図書館システム──図書館の考えをしっかりとシステムに反映させること……44
9. 施設管理──ますます広がる守備範囲……46
10. サイン──見るのは利用者であることを忘れずに……51
11. 危機管理──均質に対応するルールづくりを……54
12. ホスピタリティ──気持ちの良い図書館づくりを……58
13. 資料収集──司書に一任するのではなく、館長自らも選書を……62
14. 研究紀要──学びの集団の集大成に……66
15. 排架──資料を活かすことを念頭に……69
16. 資料の除籍──図書館の真価が問われる判断……74
17. 統計──単なる結果ではなく将来のサービスの糧として活用を……78
18. イベント──図書館サービスの意義を伝えることを忘れずに……83
19. フロアワーク──日常業務の一つに……88
20. 視察対応──図書館のPRマンに徹して……91
21. 日本図書館協会──職能集団への加入を……95

22. 図書館協議会 ― 形骸化しない運営を …… 98
23. 市議会 ― 最大の理解者になってもらうために …… 102
24. 図書館基本計画 ― 図書館の目指す姿を明確に …… 105
25. 自治体の基本計画・実施計画 ― 図書館員であると共に自治体に勤務する職員の自覚を …… 109
26. 事業評価 ― 利用者の「役に立った」という声が拾えるアウトカムを …… 113
27. 予算 ― 財政サイドとの多様な交渉戦術を …… 118
28. 補助金 ― 図書館長の腕の見せどころ …… 122
29. 寄附 ― 図書館評価の一指標 …… 125
30. 広報 ― ホームページとの効率的な使い分けを …… 130
31. プレスリリース ― 行政広報紙と民間紙の効果的利用を …… 136
32. 広告事業 ― ポジティブな発想を忘れずに …… 141
33. 出版文化 ― 図書館の役割の再認識を …… 143
34. 学校図書館 ― 共に成長するパートナーとして …… 148
35. 他機関との連携 ― 図書館の市場開拓を …… 151
36. ネットワーク ― 人とのつながりを仕事に活かす …… 155
37. 自己研鑽 ― 業務遂行能力とともに資質も問われる図書館長 …… 159
番外 部下が望む理想の館長像とは …… 166

Ⅱ部　図書館長経験者に聞く―実践と矜持―……171

Ⅲ部　図書館長の資質と責務―公的資料や成書にみる人物像―……209

図書館長の任務（法律・報告等から）……210

図書館長として求められるもの……214

おわりに……220

索引

装丁――菊地博徳（BERTH Office）

Ⅰ部

図書館長の仕事

―運営の実際―

1. 図書館の組織
――モチベーションを生む組織に

図書館の組織の特異性

図書館の組織は、対象とする利用者別（児童・一般・中高生・高齢者等）に考えるか、それとも資料種別（一般書・児童書・郷土資料・雑誌・視聴覚資料等）か、または、サービス内容別（館内奉仕・館外奉仕・資料整備・企画等）の大きく三つに大別できます。

図書館の組織に正解はありません。図書館の規模、職員数、サービス内容等、その地域に最も有効な組織を考えればいいと思います。

ただし、組織は業務を迅速・的確に遂行するためのシステムでありますが、同時に職員を育てることができるものでなければなりません。いくら業務がスムーズに流れても、職員のモチベーションを生み出せず、モラールも向上しないとしたら、その組織は機能的とは言えません。

図書館の専門的職員の多くは、非正規職員がその多くを占めるようになってきました。正規職員に比べ賃金は低く、雇用期間が不安定であることが人事管理上の大きな課題です。そんな環境にあっても、塩尻では、嘱託職員を公募すれば、優秀な職員が市外からもたくさん応募してきました。全国的に見ると、司書の正規職員の公募ともなれば、100倍の競争率も珍しくはありません。給与よりも司書という仕事への憧憬が強い人が多いのも特徴として挙げられます。

事実、図書館から本庁に異動になったことで役所を辞め、非正規職員または会社員（指定管理者）として、再び図書館で働いている人を何人も知っています。

館長ができること、また、やらなければならないこと、それは、働き甲斐のある職場をつくることに尽きます。司書の専門性を発揮させ、不断に学習の機会を与えることではないでしょうか。

基幹業務を担う非正規職員

非正規職員は、自ら何かを提案することに躊躇しがちです。正規職員をさしおいて、自分が何かをしたい、とは言い出しにくいものです。しかし、現実に非正規職員が図書館の基幹業務を担うまでになると、やってほしい仕事を任せるだけではなく、やりたい仕事をやってもらうことも必要です。それが正規職員との待遇差を精神的に埋めることにもなります。

塩尻の図書館では、職員は棚担当を持っていました。一般書の0類（総記）は○○さん、7類（芸術）は□□さん、というように選書の上でも責任を持ってもらうように意識づけしました。返本や書架案内等で、職員は互いの書架を常に意識することになります。

選書も全職員が見ます。専門的職員に比べ、事務職員は遠慮があるのか、積極的には選書に加わりませんでしたが、毎週一回届く民間の書誌情報誌は、誰隔てなく回覧していました。

朝会は、早番の職員はもちろん全員出席です。朝会は、非正規職員が毎日交代で記録をとります。それを基に、平日は、中番、遅番と職員が出勤するたびにミーティングの時間を持ち、情報に遺漏がないようにしてきました。忙しいとは思いますが、その度のミーティングに館長が顔を出すのが望ましいと思います（私は十分にできませんでした）。

研修も積極的に送り出しました。本人が希望すれば、遠隔地での宿泊を伴う研修も、人事課の持つ研修予算で派遣していました。もちろん、正規、非正規に区別などありません。

図書館は人がすべてです。要は給与面以外での待遇差を感じさせないことが肝要です。この組織で働いていることが幸せだ、と職員誰もが思う組織をつくるのは、館長にほかなりません。

2. 人事管理

──人事管理こそ図書館長最大の業務

人は最大の財である

図書館長の最も重要な業務は雇用管理・人材育成です。なぜなら、この業務は館長専任の業務であり、図書館サービスの根幹をなすものであるからです。地方自治体職員の採用にあたっても、ある程度の人口規模の自治体までは、首長自らが面接の試験官を務めるように、「人」は組織の根幹をなす最大の「財」だと思います。

しかし、図書館の人事は、これまで、本庁と比較して重視されてきたとは言い難いものがあります。むしろ、軽んじられてきたと言っても過言ではありません。それは残念ながら、図書館に異動した一部の職員が自ら言う「退職前の1年は図書館でゆっくりしてくる」等の、これまで何度か仄聞した言葉に実態が表れています。

私は、22歳で地元の市役所に採用になり、29歳の時に市立図書館が開館して以来、ずっと図書館はあこがれの職場でした。しかし、司書の資格がないため諦めていました。しかし、財団法人出版文化産業振興財団認定の読書アドバイザーの資格を取得したことで、この資格を理由に挙げて、図書館への異動希望を出し続けました。念願がかない、企画部企画課企画係長から図書館に異動しました。卑近な話ですが、企画係長の経験年数はたった1年。サッカーのワールドカップ開催など、ビッグイベントを控え、誰もがこれからという時に図書館へ異動するということは、さまざまな憶測を生むことになりました。それ以降、館長も含め、9年間、図書館に在籍し、塩尻市に転職してからは、5年間、館長を務め、館長としては、鹿嶋市と合わせて6年のキャリアを積みました。

増え続ける非正規職員

私が図書館に勤務するようになって、僅か十数年間の全国の図書館現場での非正規職員数の急増は本庁の職場の比ではありません。文科省の社会教育調査によると、平成2年度に司書の専任職員は90%だったものが、平成23年度には35%にまで激減しています。今では、基幹業務ですら、非正規職員が担っている図書館が少なくありません（決してそれ自体が悪いという意味ではありません）。館長は、専門職員と事務職員が同居する永遠の命題を抱える図書館で、正規職員の半数を超える非正規職員の雇用、さらには、業務委託や派遣職員の管理等、地方自治体で最も複雑多岐な人事管理を担っていると言えます。

鹿嶋市では、役所内で非正規職員としては初めて、従来の臨時職員だけだった図書館に、新たに「嘱託職員制度」を導入しました。当時の上司から制度検討の命を受け、関連法規等を研究し、制度化にこぎつけました。この嘱託制度は、図書館で導入後、すぐに給食センター等の非正規職員の多い職場に波及しました。少しでも、非正規職員の雇用条件を良くしたかったのです。

塩尻市では、臨時職員、嘱託職員とも非正規職員は、雇用期間（一回の雇用契約期間は、嘱託は1年、臨時職員は半年が上限）は最大5年となっていましたが、毎年、人事課長と交渉し、6年目以降の雇用を認めてもらってきました。一般事務に比べ、業務の習熟に経験年数を要すること、スキルアップを重ねてきて脂がのってきたときに雇用を切ることの人的投資の損失を訴えた結果、特例として認められたものです。しかし、制度的には、5年の雇用期間満了予定者には、雇用契約打ち切りの文書が人事課から本人に通知されます。その通知を受けた職員に、希望するなら更新できるよう人事課と協議する、というのが例年繰り返した仕事でした。ただし、単に本人が継続雇用を希望するからと言っても、一定の勤務評価等が前提にあることは言うまでもありません。

また、雇用年数が7年を超える職員は、図書館指導員という名称を冠することで、本人のモラールを一層高めるとともに、給与面でも若干ですが厚遇する制度も、人事課と協議してつくりました。組織の中核を担う職員としての自覚と、職場全体のモラールの高揚を図りました。

図書館は「職員」で決まる

とにかく、図書館は「職員」で決まります。直営、民間委託、指定管理等、いずれも同じです。利用者は職員と接しない限り、図書館サービスを享受することはできません。例え会話を交わすことがなくても、そこにいる職員の存在を認知するだけでも、利用者は職員と接しているのです。しかめ面なのか、笑顔なのか、職員の一挙一動を利用者は見ているのです。

私は県内図書館の非正規職員の雇用条件等に不断に注意を払ってきました。常に県内で最も被雇用者から見た条件の良い市町村はどこかを把握し、それを人事や財政担当課との交渉の武器としました。もちろん、それを要求するに値する実績を提示することで、少しでも交渉を優位に運ぼうと努めてきました。何の実績も挙げずに人員や雇用条件の改善を要求しても話になりません。

部下の労働の成果を評価できるのは図書館長しかいないのです。その評価を黙認でとどめることなく、何らかの対価を還元できる外部評価を得るのも図書館長の仕事です。

雇用条件の改善は、自ずとサービスの向上へとつながります。さらに、そうした環境の改善が、職員のモラールとなって、市民満足度が高まることになるわけですから、示された人的条件を仕方がない、と安穏と受け入れていてはいけません。図書館長は「改革」することが責務なのです。

3. 内部統制

ますます広がる守備範囲

複雑・多岐な管理体制

管理職にとって、図書館ほど内部統制が困難なところはないかもしれません。役所の本庁に比べ、職員の勤務時間、勤務日は一定していません。非正規職員の割合が高く、専門的職員（司書）と事務職がいます。さらに業務委託先の民間人がいる等、管理者である図書館長は、部下を管理するにも、肝心の部下は目の前の席にはほとんどいません。広い館内に散らばっていて、勤務表を見なければ、誰が出勤しているのかさえわかりません。大規模な図書館になれば、珍しくないことです。意思疎通、業務の効率化、責任範囲の明確化等を目的に組織というカタチがつくられるのですが、図書館ほど、理想の組織が見つけられないところもないのではないでしょうか。

部下の権限を決め、事務分掌を定め、法を遵守し、市民と約束したミッションを効率的に遂行する、このシステムが内部統制です。具体的には、組織形態の整備、業務マニュアルの作成、研修システムの整備、諸法令の順守、予算執行の不正防止、モニタリング等、館長とスタッフの間に介在する仕組みであり、庁内においては、リスクマネジメント、環境推進委員会、事務改善委員会等、さまざまな名称で全庁的に取り組まれています。

図書館の組織の特徴は、都道府県や政令指定都市では、館長〜副館長〜課長というラインが一般的です。人口30万人程度の市では、館長をトップに複数の係制を採り、専門職を主にした奉仕係と、事務職を主にした庶務係といったところが多いようです。係制を採らないところは、非正規職員を多く抱える専門職集団を、サービス対象別、資料種別、業務種別等で細分化しているのが多いようです。いずれにしても、これが正解という組織はなく、それぞれの自治体が抱える事情や長年の慣習から出来上がっているようです。

多分、多くの図書館長が悩んでいるのは、司書が守備範囲として担っている業務が見えない、もしくは見えにくいことではないでしょうか。特に司書資格を持たない館長にとって、司書の間で交わされる会話が理解できないこともあると思います。館長のデスクが司書集団と離れていたりすると、なおさら齟齬が生じやすくなります。

庶務を知らない司書、図書館を知らない事務職

在職中、例年悩まされたのが予算の執行でした。塩尻では、新館開館準備のため資料費がバブル予算だったこともありますが、予算が少なかった頃の職員の選書癖が抜けず、大胆に資料を購入することへのとまどいが払拭できないのです。そのため、上半期の執行率が異常に低く、監査委員か

ら度々注意を受けていました。

まさに予算執行の指揮官である私のミスで、予算残額と予算執行見込みの不断の細かなチェックを怠ったことと、責任分担の誤りでした。私自身が選書・発注に積極的に入ることなどで急場はしのぎましたが、内部統制の難しさを何度も痛感しました。

庶務を知らない司書、図書館を知らない事務職というのは、従前から言われる図書館の永遠の課題で、この両者の間にある齟齬を解消するのが図書館長の仕事です。

トップの意思が末端まで伝わらない、ミスが頻発する、雇用者の体調トラブルが絶えないなど、館長は組織を預かる責任者として大きな課題を背負っています。先述しましたように、これが本庁の部署ならば、目の前で起き、確認できることですが、図書館は、目の届かない場所で、ときには休務日に、または自分が退勤してからと、未確認の頻度が高くなります。さらに、近年の傾向として、開館時間の延長、休館日の縮減と、ますます館長一人では手に負えない環境へと変化しつつあります。首長や議会から、開館時間の延長や休館日の削減を求めてこられたとき、真っ先に館長に考えてほしいのは、内部統制が保てるか否かです。

これまでも、資料の除籍、資料の書架変更、図書館システムのトラブル等、裁判や全国の耳目を集める事件に発展した事案を図書館は多数抱えています。最終責任者として、リスクマネジメントの徹底や事務改善等、内部統制の課題は今度ますます増大してくるものと思います。

市民からすれば、開館時間が一時間でも長い方が便利です。休館日が少ない方が歓迎されます。

しかし、職員を増やすことをせず、そうしたサービスを展開することは、大きなリスクを背負うことを承知しておかなければなりません。専門の職員がいないので、レファレンスには応えられないとなっては本末転倒です。あくまで、図書館サービスの質を落とすことなく、職員の士気や健康状態が保てるよう努めなければなりません。上質なサービスは、上質な職場環境でなければ生まれないのです。

4. 人材育成

――率先垂範の実践者として

図書館は、語弊があるかもしれませんが、役所の他の部署に比べて自費で勉強をしている職員が非常に多いところです。機関誌による情報収集や、会員相互のネットワーク等、日本図書館協会や図書館問題研究会の会員として活動している人や、なかには日本図書館研究会や日本図書館情報学会等、学会の会員として、一定の研究テーマを持ち、大学教員等と並び、研究成果を発表・執筆している職員もいます。会員であるためには、会費等の自己負担がありますが、正規職員に限らず非正規職員でも入会している人は少なくありません。

図書館職員には、勤務時間以外も、勤務の延長のように、たゆまず図書館について学習している人もいます。現職中、私自身、日本図書館協会、日本図書館情報学会、日本生涯教育学会等、五つの学会・協会に入っていました。多分、公共図書館員で五つの学協会に入っている者は僅少とは思います。こういう学びの世界が広がっていることは役所の他の業務ではきわめて少ないですし、こういう世界があることを、ほとんどの行政職員は知りません。

私は、これまでに400館近くの公共図書館を見てきました。ほとんどがプライベートな訪問です。趣味の世界でもなくはありませんが、これも学習の一つです。真似したくなるようなアイデアもあれば、反面教師のように、やってはいけないことを見つけたりもします。特に、こういう接遇をすると、利用者に反感を買ったり、利用者の信用を失ったりと、自らを利用者に仕立ててみないとわからないことも多いのです。

私が館長時代に実践した人材育成とは、誰もが不断に学習する組織風土の醸成に尽きます。それは、正規も非正規も同じ図書館職員として同等に扱うことが前提です。また、専門的職員（司書）も事務職員も同様です。ここに線を引いてしまっては良好な組織風土はつくれません。

私が塩尻の図書館長を務めた5年の間、4人の非正規職員が司書の資格を取りました。ほかにも資格取得を考えている職員が数名いました。相談されれば、最もその人に合った資格取得の方法を教えました。資格を取得したことで、臨時職員から嘱託職員へとステップアップした者もいます。毎年のように資格取得者が職場で生まれることは、当然ながら有資格者にも継続的な学習を喚起させるという、いい意味でのプレッシャーを与えることになります。

司書資格はあくまで、学生時代の一定期間、もしくは司書講習の2か月余、必死に勉強しました、と言うだけの資格にすぎません。資格を取ったうえで、どれだけ研鑽を積むかが資格の真の実力の証明になるのです。専門職とは不断の努力があって認められるものです。

私は塩尻市役所を退職する間際に、30余名いる本館職員向けに、自ら講師となり、著作権、司書の専門性、出版流通の仕組み等をテーマに、連続5回の研修を行いました。私が講師を務めることで、受講の義務感が生じないよう、土曜日の午後6時を開始時刻としました。土曜日は勤務者が少ないこと、午後6時は遅番勤務者が勤務時間中であることから、せいぜい5～6人の職員が受講すればいいかな、と思っていました。ところがふたを開けたら、非番の職員がわざわざ参加し、遅番の職員は遅れて参加するなど、想定外の事態となりました。また、研修を聞きつけた分館職員から、研修参加を希望する者が現れ、さらに受講者は増えました。著作権の研修にしても、カウンターに立たない事務職員までが受講してくれました。

これは、月末休館日に本館の全職員を対象に、著作権第31条の図書館における複製を中心にテスト（自己採点）を数回行い、その結果、いかに著作権の知識が不正確であるかを各人が知り、学習意欲が喚起されたことが大きな要因であったかと思います。

図書館に関心のある利用者は、図書館情報学等関連の書籍をよく読んでいます。図書館情報学関係の本の利用状況を見ると、小説や社会科学等の他の分野に比べ、決して貸出回数は多くはありません。地方の書店には並んでいない本なので、書店で購入して読んでいる市民はほとんどいないでしょう。図書館職員ですら購入している人は僅少です。だとすると、その利用状況から、図書館職員ですら読んでいないことがわかります。法律や芸術等の分野ならいざ知らず、図書館情報学という司書の専門分野について、その専門性が利用者に示せなければ恥ずかしいことになります。だから、図書館情報学関連の書籍は読んでおくように、と職員に言い続けました。その結果、一般書の総記のベストリーダーの半分近くを図書館情報学の書籍が占める月もありました。きっと、その利用の大半は職員であったと思います。

また、私や副館長がプライベートに図書館めぐりをして、逐次それを報告していたためか、職員もプライベートな旅行に図書館めぐりをしてくるようになってきました。

特定の職員がいくら積極的に学んでも、それでは組織全体の力にはなりません。あまりに学びの環境とかけ離れていたら、学ぼうとする姿勢が時に揶揄され、浮いた存在になりかねません。館長の率先垂範により、組織自体が不断に学ぶ風土を創り上げることが、図書館長の仕事であり、醍醐味ではないでしょうか。

今春、元部下から嬉しい報せがありました。図書館情報学をさらに学ぶために大学院入学が決まった、と。社会人として働きながら、大学院で学ばれた館長が近くにいたから決断できたというようなことがメールに書かれていました。

5. ボランティア

活動を評価し「育てる」仕組みを

ボランティアで支えられている図書館

図書館サービスは、市民によるさまざまなボランティアで支えられています。図書館ボランティアの特徴は、女性が多いこと、活動内容が多岐にわたること、年齢層が広いことの三点が挙げられます。

一点目の女性が多いことは、経験・技術等を活かした、読み聞かせ、点訳、朗読等の活動が、多くの女性によって支えられてきた歴史的な事情もあります。しかし、最近では、高齢者の男性や中高校生が関心を持ち、その技術を学ぶ傾向にあります。

二点目の活動範囲の広さは、図書館サービスの広範さを裏づけるものです。外国語の通訳、IT機器のガイダンス等のスキルを活かしたものや、一方、書架整頓、本の返却、館内美化等、労働奉仕型の活動まで、他の公共施設にはない多様な活動のフィールドとなっています。

三点目の年齢層の広さは、先述したように、その活動実践者は中高生から高齢者までに及びます。

図書館ボランティアは、職員の仕事を軽減する「労働力」ではありません。ボランティアにとっては「自己実現」の活動であり、図書館は、図書館サービスの一端を担いたいという市民の思いをかなえる「ステージ」を提供するものです。ですから、受け入れるには、読み聞かせ等の技術提供型のボランティアは、一定のスキルを要求すべきで、やりたい方は誰でもどうぞ、という性格のものではありません。図書館サービスである以上、受益者の立場になって、一定のクオリティは求めてしかるべきです。

また、労働奉仕型は、余暇を活かして、図書館員のお手伝いしたいという行為です。こちらは、特に自分が習得した技術を見せることで満足を得るものではなく、純粋に図書館員のお手伝いがしたい、という自己実現のアクションです。図書館に見返りを求めるものではありませんが、気持ちよく活動ができるよう、館長はじめ職員全員が受け入れる姿勢が必要です。ただし、受け入れる以上は、ときに、それなりのストレスを図書館が抱えることは覚悟しなければなりません。例えば、返本ボランティアを受け入れれば、一定の研修を行ったにしても、当初は多少の排架ミスが生じることは仕方ありません。だからといって、そういったことを嫌って受け入れないとする姿勢も好ましくありません。

ときに、ボランティアを称して「好きでやっている人たち」という感覚が職員にあり、職員から挨拶もされない、という声をボランティアから聞くことがあります。私が塩尻にいたときに、職員に口をすっぱくして言ったのは、図書館内の日常的な風景になっているとはいえ、ボランティアに対する礼節を忘れないように、ということでした。親しくなったからといって、曖昧な関係にはならないよう注意が必要です。

ボランティア受け入れの心構え

ボランティアを受け入れる際には、必ず、図書館サービスの基本的使命などを説明することに心がけてください。単に労働奉仕型だからと言って、ボランティアとして活動するようになれば、その言動は図書館スタッフの一員として利用者からは見られます。基本的な接遇はもとより、図書館施設の簡単な案内程度はできることが望ましいと思います。また、服装等も同様に、節度あるものであってほしいと思います。

また、ボランティア保険の加入も肝要です。自治体で一括して入っている場合が一般的かと思いますが、図書館として事故があった時の補償を手厚くしたければ、予算化することも考えられます。活動に対するポイント制等の有償化を考える場合は、ボランティア保険の条件を満たさない場合がありますので、詳細な検討が必要です。

ボランティアは受け入れるだけではありません。その活動のスキルを向上させたり、モチベーションを高めたりする、「育てる」使命を図書館は担っています。読み聞かせ等の技術を要する活動には、スキルアップの機会を提供したり、職員との交流を通じて互いに切磋琢磨したりと、図書館員の同志として共に成長することが必要です。ボランティアが担当している読み聞かせ会のイベントに職員が無関心でいたら、早晩、その関係に亀裂が生じることになる可能性があります。特に館長は、できるだけ、ボランティアの活動現場には顔を出し挨拶をするよう心がけてほしいものです。また、時には、飲食に誘うことも必要です。

そして、最も大切なことは、職員もそうですが、ボランティアにも、普段から感謝の気持ちや、活動を評価する言葉をかけることが大事です。館長が変わったら、協力してくれるボランティアの顔ぶれが変わってしまった、という話も仄聞します。いつまでも「ボランティアさん」と呼ぶのは失礼です。活動を始めたら、名前で呼ぶよう心がけてください。

ボランティアの適切な評価を

私は塩尻の館長時代、一生懸命に活動されているボランティア（個人・団体）を、外部機関から表彰してもらうことにも努めました。その結果、読書推進運動協議会の「野間読書推進賞」受賞、子どもの読書活動優秀実践団体の文部科学大臣表彰と、個人・団体のボランティア活動を評価していただくことができました。また、グループの実践活動の糧となる読み聞かせ等の読書推進用備品の助成など、外部機関からの評価や助成を取り付けることで、ボランティアとの信頼関係を築くことにも努めてきました。

こうした評価は、単に受賞者だけのものではありません。メディア等が報道してくれることで、そのまちの財産にもなりますし、一部の方にしか知られていない地道な活動や図書館サービスを広く周知することにもなります。さらに、経験の浅い人たちに希望を与えることにもなります。

館長はじめ、職員とボランティアが、日常的に情報交換できるボランティアルームが図書館内にあることが理想ですが、規模の小さい図書館では、そういう施設が整っているところはまだまだ少数のようです。鹿嶋市では、職員の休憩室を、ボランティア活動後のボランティア同士の、または職員との懇談室に使っていました。私は館長時代、できるだけボランティアとの懇談に時間を割くように努めました。たまに職員の休憩時間とぶつかる時もありますが、それはそれで、交流が図れるので結構なことです。今後、新設を計画している図書館は、このボランティアルームは必ず設けることをお勧めします。

図書館を、または図書館を利用する人たちを愛してやまないのがボランティアです。しかし、ボランティアは安価な労働力ではありません。今後、ますます図書館は、その受け入れのあり方を含め、ルールづくり、体制整備していく必要があります。

6. 個人情報

——利用者との慣れが禁物

緊張感を持った情報管理を

２００５年４月に個人情報の保護に関する法律が施行され、それに関連した条例の制定等が行われました。行政は、まさに個人情報を扱うことで、便益を供与したり、税や使用料を徴収したり、罰則を課したりする機関です。図書館においては、さらに個人の思想、趣味、嗜好等を、貸出履歴から入手することになる点で他の部署と異なる点があります。借りられた資料のタイトルや著者が、そのまま利用者個人の嗜好等を反映するものとは一概に言えませんが、慎重な扱いをするものであることに間違いはありません。

また、図書館は著作権法第31条に規定された資料の複写に関して、申請内容の適否の判断を通して個人情報に接するなど、図書館サービスの受益者から、さまざまなかたちで、個人情報を見聞する立場にあります。

個人情報と共に注意しなければならないのがプライバシーの保護です。同義のように理解されるがちですが、プライバシーは個人情報に包含されるものの一つと考えられます。

例えば、駐車場を構えた地方の法律事務所では、事務所来訪者の車両が識別できないように駐車場を高い塀で覆っているところもあります。その点を考えると、図書館は、各種申請用紙の記載台、レファレンスカウンター、貸出返却カウンター等、プライバシーを含む個人情報の保護に関してはかなり無防備なところが少なくありません。特にレファレンスカウンターが独立しているとはいえ、貸出・返却カウンターのすぐ隣では、相談内容の守秘は難しいと思われます。できれば、レファレンスカウンターを訪ねる利用者が周囲から特定できない環境整備が必要です。しかし、あまりに堅苦しいと利用しにくいことも考えられます。

映像資料の視聴ブースも、視聴者以外の人が背後から視聴作品が見られるつくりのところが少なくありません。また、隣の席からも見ることができるところも散見します。設計当時はそれほど気にもしなかったのでしょうが、現在、新設するとしたら相当な配慮をすべき場所です。古い施設なのでプライバシーの保護ができないというのは理由にはなりません。然るべき対応をしてほしいものです。

施設の不備の点検を

カウンター背面の壁を隔てた後方が事務室という図書館が一般的です。最も効率の良いレイアウトであるからです。しかし、後方の事務室での職員間の話し声や、電話での応答が筒抜けになっている図書館があります。また、カウンターに電話機が置いてあるのは論外です。建築年の比較的古い図書館によく見られるレイアウトです。

図書館における個人情報で大きな話題となるのは、メールアドレスの流出事故、データの盗難等ですが、業務のマニュアル化等の内部統制の整備で未然防止できるものは少なくありません。一方、プライバシーの保護については、施設に係る物理的なものは、改修等の費用もかかるため、即時に対応することは難しいかと思いますが、「配慮」という慣習の見直しで即刻改善できるものも少なくありません。

比較的散見する事案を数例挙げてみます。

・利用者を個人名で呼ぶ……分館のような小さな図書館では、図書館員と利用者が互いにフレンドリーな雰囲気もあり、個人名で呼び止めたりしている光景に出合いますが、基本的には個人名を他者に聞き取れるような声で発する行為は慎むべきかと思います。

・貸出用レシートへの個人名の印字……最近は激減していますが、個人名を印字した貸出用レシートに利用中の資料名が印字されていたら、個人情報そのものです。個人名を利用者コードに置き換えたところで、個人を特定できる個人情報には違いありませんが、氏名の印字は見直すべきと思います。

・車両所有者の呼び出しアナウンス……ライトが消灯されてないまま駐車されている車両を見つけ、注意を促すアナウンスがあります。その際、車両の名称、色に加えて、さらにナンバープレートの番号まで、アナウンスする場面に出くわすことがあります。これは親切さが高じてのやり過ぎた行為です。ナンバープレートの番号は、近年は個人情報が識別されるものを任意で使っている人が少なくありません。ましてや、館内から駐車場が一望できるような造りの場合は、非常に危険な行為です。施設環境も考慮したプライバシーの保護に努めてください。

7. クレーム

まずはクレームから学ぶ

利用者は何が不満なのかを知る

職員の接遇ミス、稚拙なレファレンス技術に起因するトラブル等、利用者からお叱りを受けることは日常茶飯事です。しかし、どんなに誠心誠意尽くしても、クレームはなくなりなりません。例えば、隣町の図書館が貸出冊数の上限を設けていないのだから、お前のところの図書館の貸出冊数制限はけしからん、と言われても、どうしようもありません。自分にとって使いにくい図書館は、職員を叱責してでも変えてみせる、とでも言わんばかりに激昂して要求する利用者もたまにいます。そして、二言目には「私は納税者だ」と言われたことが、私の現職中に何十回あったでしょうか。

実際にあった話で、利用者に「こんにちは」と笑顔で挨拶をしたところ、「あなたに挨拶される覚えはない」と言われて落ち込んだと、こぼしていた部下の話が忘れられません。

また、ある上司はこう言いました。「市民が市役所に来る時点で、すでに延滞課税の義務を負っていたり、口外したくない生活実態を吐露せざるをえない相談内容を抱えていたりと、市民はすでに興奮している。ここに間が悪く、その人の視界に、おしゃべり（決して、おしゃべりではなく、仕事の話が多いのですが）に興じている職員が映ろうものなら、堰を切ったように罵詈雑言を吐きたくなるものだ。怒られない方が不思議と言っていいのが市役所の仕事かもしれない」と。

図書館は、滞在型施設の特徴として、快適さを妨げられたとして、利用者が利用者を注意したり、時には大きな声で叱責したりすることもしばしばあります。新聞を1時間以上も占領しているとか、ノートを走らせるペンの音がイライラするとか、はたまた、いびきがうるさいなどさまざまです。その愁訴の基準も、図書館の利用者マナーとはかけ離れた、利用者のきわめて個人的な規範であることも少なくありません。

全ての利用者が納得するルールはない

一軒の家に価値観の異なる居住者が100人いれば、100通りの基準を設けなければならず、曖昧にその場しのぎの解決を図ろうとせず、できないことはできない、と伝えることも時には必要です。図書館が示したその態度に納得できない、と抗弁されても、すべての利用者に満足のいくルールなど存在し得ません。その意味では、私は何人もの利用者と対立しました。時には、館内に響き渡るくらいの大声で叱責されたこともあります。しかし、できないことはできない、と譲ることはしませんでした。

クレームへの対応は基本的に館長の仕事です。自分は席に座ったままで、職員に指示するものではありません。双方の折り合いがつかず決裂することもあります。しかし、多くは、話せばわかりあえるものです。話し合いがきっかけで親しくなった人も私の場合は少なくありません。

また、館内ルールや施設の改善など、クレームから学ぶこともたくさんあります。この場合は、できるだけ早急な処理をすることが、利用者への信頼を得ることになります。また、こうしたクレームは、誰も口にしないだけで、利用者の多くが早期の改善を望んでいるものが多いのです。実は、気づいていないのは図書館員だけ、ということは少なくありません。

もちろん、求められている内容に妥当性はあっても、必ずしも図書館全体で考えるとベストな選択にはならないものもあります。それに対しては、十分に検討して結論を出すべきであり、相手の気持ちを斟酌した丁寧な回答が必要です。結論だけを示した紋切り型の回答は避けてください。図書館サービスの公共性、資料が有する人類の英知という性格を常に忘れず対応してください。

施設の問題は、多額の予算を計上する必要のあるものも多く、優先順位はつけざるを得ないと思います。要求内容が正当なものであっても、他の公共施設の老朽箇所等と比べ、優先すべき内容でなければ、図書館として要求しない判断も時には必要です。現在、ほとんどの自治体が厳しい財政事情を抱えています。自治体全体を見回して、施設改善の緊急度のプライオリティを考慮した予算要求の姿勢も必要だと思います。歩く人もなく交通量も少ない道が舗装される一方で、雨漏りすら止められない施設がある。このようなバランスを欠いた予算配分が、そもそもおかしなことなのです。館長自身、そういう市民目線を持って予算編成することが、バランス感覚を持った図書館員を育てることになるのです。

　全国の図書館を巡って気になるのは、施設の老朽化等に伴う不備よりも、図書館員の施設を通じたホスピタリティです。築後数十年も経てば、施設のアメニティ面での不十分さは否めません。しかし、洗面所に置かれた一輪挿しの花の有無だけでも、図書館の印象は大きく変わります。洗濯が可能なレース類のカバーの汚れ一つとっても、施設管理者の姿勢が問われます。施設を維持管理する予算の獲得も必要ですが、僅かな予算や個人的な行動でできることも少なくありません。館長にとって図書館はわが家です。そう思ってみてはいかがでしょうか。

8. 図書館システム

――図書館の考えをしっかりとシステムに反映させること

要求事項を臆せず説明することが大切

現在、大半の図書館は、図書館業務全般を、図書館電算システムによって処理しています。図書館がコンピュータを導入しはじめたのは1975年頃だったでしょうか。現在とは比べものにならないくらい精度の低い、かつ高価なものでした。私は個人的には、H社、F社、N社の大手の会社がつくったシステムを使ってきました。どこも一長一短、差別化がなければ、単なる価格競争だけになってしまうので、やはり、クオリティはシステム導入の大きな判断材料となります。

SEから市役所に転職してきた市職員がいました。彼の言葉に気づかされたことがあります。「どうして、市役所の人は、自分から、「私はコンピュータがわからないので」と、前置きしてからSEと向き合うのか」と。「わかるように説明できなければ、SEの説明能力の問題であり、市役所は顧客ですから、不慣れな横文字など使わず、自分の知っている言葉で堂々とSEに要求すべきです。そちらはSEなのだから、私の言葉をカタチにするのが仕事だろ、でいいのです」とも言いました。今から20年以上前の話です。

図書館に限らず、市役所にコンピュータが波のように導入されはじめた頃、SEと会話が成り立つのは、一部のパソコン好きな職員に限られていました。何百万とコンピュータに自己投資しているような職員で、それ以外は、相手方の一方的な話を黙って聞いていた時代があったのです。今では、SEと比べて遜色ないくらいに詳しい自治体職員はいくらでもいます。しかし、依然として、システムの交渉は防戦一方で、苦手意識を持つ図書館員は少なくないはずです。

しかし、説明に横文字が多くて理解できなければ、「私が理解できるように日本語で話してください」と言えばいいのです。要求していることができない、と言うのならば、「それでは納得できない」と突っぱねればいいのです。クルマを買うとき言っていませんか。「このオプションも無料で付けて」「もっと値引きして」などと。買う（契約する）のはこっちです。しかも、図書館は貴重な税金を使うのです。相手の意のままではいけません。相手の意のままで契約したなんて市民が聞いたら叱られます。相手と渡り合えるコンピュータの勉強も必要ですが、必要なのは、それ以上に図書館員の思いをシステムにカスタマイズできるかです。

この交渉も、館長自身がコンピュータに詳しいからといって、職員の前面に出て相手とやりあうのは好ましくありません。やはり、最も日常的に使う司書に任せるべきです。館長がYESと言ってしまったことを、部下の司書がNOとは言いにくいものです。コンピュータに詳しい館長が陥りがちな落とし穴です。大事なことは、誰がいちばん使うのかです。

9. 施設管理

ますます広がる守備範囲

アメニティの確保

図書館長の仕事を揶揄して、雪が積もれば雪かき、炎天下の花壇への散水、施設の破損箇所の修繕、蛍光灯の交換などと、耳にすることがあります。

鹿嶋市の図書館時代、屋根に乗ってしまったボール拾い、館内に入ってしまった小鳥の捕獲、雨漏り対策等、私は日常的にやっていました。図書館は男性職員の少ない職場です。そのため、施設管理といえば男性職員や館長の仕事というイメージがあるようです。事実、施設の不備に関する利用者の不満は館長に直訴されることが少なくありません。

図書館が施設の構造的に遮断しなければいけないもの。それは、不快な音、臭い、光（明り）です。

不快な音とは、館内で発生するものと、館外から侵入するものがあります。前者は空調機器の音や会議室から漏れ聞こえる会話等で、後者は近くの工事現場の騒音等です。臭いは、トイレからの異臭や、複合施設ですと調理実習室からの臭いです。さらに光（明り）は、読書を妨げる日差しの侵入や資料の色褪せ防止等です。これらは、施設の全体計画の中の個別計画で十分に検討されたはずなのですが、いざ、完成して施設を使いはじめると、すぐに利用者とのトラブルを生む原因となるものもあります。出来上がってしまって、改修費用もかけられないとなれば、課題を抱えての施設管理とならざるを得ません。

これまで本庁の中で仕事をしてきた人は、自らが防火管理者となって「施設管理」をするという仕事の経験がありません。しかし、単独館の図書館となると、駐車場を含めてすべてが守備範囲となります。

図書館めぐりをしていると「忘れ物コーナー」のようなものを目にします。図書館員もしくは利用者から届けられた拾得物だと思いますが、これは好ましい手法ではありません。遺失物法に従い警察に届けることが望ましいと思います。厳格にやると煩雑な業務となりますので、図書館の事情に応じたやり方を警察と協議するのがベストで、拾得物を警察に届けないでおくのは問題です。

また、外国人の利用が増えてくると、予想もしなかったトラブルが発生してきます。館内で盗難事件が起きたときに、被害者が外国人の場合、本人の不注意も否めなくありませんが、館内の外国語による警告表示が不十分であるとの訴えを館長が受ける場合もあります。もしも、館内の利用者向けの注意事項等が日本語のみの場合は、利用されることの多い外国人に向けた多言語での表記を整備することを勧めます。

図書館と遮音

施設内でのトラブルで最も多いのが、ある利用者が発する「音」を、別な利用者から看過できない「騒音」だと指摘され、館長が仲裁に入ったり、対応に追われたりする事案ではないでしょうか。ある利用者が発する「音」とは、ヘッドフォンから漏れる音、乳幼児の泣き声、児童・生徒の嬌声、パソコンのキーを打つ音、鉛筆やペンの筆記音等、さまざまです。その場所や状況等にもよりますが、激昂して訴えてくる利用者もいます。

訴えてくる声をすべて正当なものと判断する必要はないとは思いますが、訴えてくるトーンによって対応が違うのも問題です。また、感情が高ぶっている方に、館長の判断を仰ぐまで待ってほしい、というのは好ましくありません。図書館の一定のルールを職員全員で共有しておくことが必要です。もちろん、フロアワークを通じて、そうしたトラブルに発展しそうな「音」を未然に防ぐように、注意し、協力を願うのが図書館員の務めであることは言うまでもありません。

図書館内のさまざまな場所に、館内の利用ルールが掲示してあります。協力を呼びかけるとともに、トラブル回避の目的もあります。そこで気になるのが表記法です。利用者の行動を制限する内容に、その目的が書かれていないのです。例えば、「館内は走り回らないでください」とだけ書かれている場合があります。なぜ、走ってはいけないのかを書くことで、特に児童には教育的な明示となります。単に「だめ」と注意するのではなく、理由を付して「だめ」と教示することが必要です。

また、児童向けの注意書きが、ルビも付けずに漢字で書かれている場合もあります。保護者向けに書かれたのかもしれませんが、児童は必ずしも保護者と同伴で来るとは限りません。読みやすい表記が必要でしょう。また、注意事項は、気づいてもらわなければ何にもなりません。わかりにくい場所に掲示してあったり、文字だけで視認しやすいイラスト等がないものが多かったりするのも確かです。掲示することが大事なのではなく、利用者に伝わることが大事なのです。

施設管理とは施設を「知る」こと

郊外にある図書館には、周辺整備の一環で樹木が植栽されています。樹木に不案内な私は気になった樹木の名前が知りたくて、図書館員に尋ねることが多いのですが、ほとんど即答を得られません。後になって調べたら、その樹木が「まちの木」だったなんてわかったら、図書館員として恥ずかしい限りです。樹木にプレートをつけるとか、樹木が多ければ樹木マップをつくるとか、来館者目線で考えてほしいものです。

施設管理とは施設を「知る」ことでもあります。延床面積、竣工年、収容冊数、建設費用等、基本的なことは、館長はもとより全職員共通の知識にしておくことが必要です。

図書館建設に関する資料を閲覧ファイルにしている図書館を時おり見かけます。建設を望む市民運動などの記録も公開してあると、初めて訪ねた図書館でありながら、親近感がわいたりもします。施設も図書館の重要な要素です。こちらのＰＲにも積極的に努めてほしいものです。

また、単独館であれば、防火管理者は必置であり、この資格を図書館長が取得することも望ましいことです。複合施設であれば、管理担当課が防火訓練等の指揮を執ることになると思います。いずれにしても、災害時に迅速かつ適切な利用者誘導ができるよう、施設の諸機能への習熟も館長の重要な責務です。

10. サイン

――見るのは利用者であることを忘れずに

図書館はサインの宝庫

図書館には、たくさんのサインがあります。公共施設で最もサインが多い施設といっても過言ではないと思います。

サインは、その性格を大きく分ければ三種類となります。

一つ目は、排架資料の種別（内容）を表示するものです。小説棚の作家名、ＮＤＣの番号と項目を書いたものなど、館内には膨大な数の表示がしてあります。

私は実行に移せなかったサインがあります。それは、小説の個人作家名のサインで、通常の差し込み式ではなく、幅7～8㎝のボックス式にして、作家の顔写真、簡単な経歴、受賞作などを明記したものでした。相当の手間がかかること、ボックス式構造物をいかに安く入手するかなど難問が多く、頓挫してしまいました。

目的は、場所の案内だけではなく、付加価値をつけたかったのです。サイン自体に情報を付加し、見ているだけで楽しくなるサインを提案したかったのです。大半の読者は、作家の経歴を知りません。受賞作も意外と知らない人が多いのです。表示した情報から、新たな関心が生まれることを仕掛けるのは、図書館の仕事でもあるからです。

ユニバーサルデザインを考慮

一般書と違い児童書は、ユニバーサルデザインを意識しました。児童は言葉を習得するまでの間、絵（イラスト）で情報を入手します。日本語のわからない外国人にとって、ひらがなで「ひこうき」と表記しても理解できません。「飛行機」を描いた方が一目瞭然です。こうしたピクトグラムを多用した視認性の高い、大きめのサインを書架の天板の上に置くことで、デザイン性を兼ね備えたサイン計画をたてました。

イラストレーターがまちまちだと統一感が出ず、かえって騒がしい雰囲気をつくってしまうので、一人の方の描いたピクトグラムにし、アートのような雰囲気が演出できました。

二つ目は、避難路やトイレなどの施設の表示です。図書館に限らず、現在は、地区公民館でも「トイレ」「便所」という日本語表記はさすがに見かけなくなりました。ピクトグラムと英語等の外国語表示が一般的かと思います。しかし、トイレを例にとると、利用者の用途に応じたものかどうか、一瞥しても判断できないものが少なくありません。ドアを開けるまで、便座が洋式なのか和式なのかわからないのは困ったものです。

そして、三つ目は、方向指示サインです。カウンターやトイレの場所、資料種別をコーナーごとに誘導するものなどで、こちらは、かなり大きなものでなければ意味をなしません。特に災害時の避難路誘導灯など、視認性が最優先されるべきものです。

サインは、使う人の評価がすべてです。「わからない方がおかしい」という受け止め方を図書館はできません。大きな施設になると、ずっと同じことを日常的に来館者に尋ねられることになります。サインに関して質問が多いと言うことは、わかりにくいという指摘にほかなりません。言ってくれる人は氷山の一角。真摯に耳を傾けて、すぐに対応できるものは早急に改善・修繕にあたりましょう。事故があってからでは取り返しがつきません。

11. 危機管理

均質に対応するルールづくりを

図書館はトラブル頻出の施設

危機管理は図書館だけに限られたものではありません。すべての施設に共通しているものです。サービス内容、来館者の年齢層、来館者数、開館時間、利用者の滞在時間等を考えると、図書館はさまざまなトラブルが最も発生しやすい可能性を抱えている公共施設といえます。しかし、図書館は公の施設ですから、正当な理由がない限り入館を拒否できませんし、不当な差別的取り扱いもできません。

保護者から見れば、図書館は子どもを安心して滞在させられる安全な場所、との認識は強いものと思われます。また、図書館では大きな声を出してはいけない、との共通ルールが、暗黙の了解として施設管理者と利用者の間で成立しており、静謐な空間であることが「約束」された場所というイメージが浸透しています。これは、厳格な約束ではなく、互いの信頼関係の上に成り立っているとも言えます。そのため、物音一つとっても、利用者からの「不愉快な音」という愁訴で事案が発覚し、原因を引き起こした者と、それを不愉快として訴えた者の仲裁に入り、時に曖昧な判断で「消火」作業を行う場合もあるのではないでしょうか。

もちろん、施設利用上の約束ごとは規則に規定してありますが、それは、他の公共施設においても適用できるような「明らかなルール違反」のジャッジ基準であり、図書館では、それ以外の内容の発生頻度が高いと言えます。

図書館で起きるトラブルで、注意をした利用者からよく言われるのは、「この前も同じ行為をしたが注意を受けなかったのに、なぜ今回は注意されなければならないのか」ということです。確かに、他の利用者からの愁訴に応える場合と、図書館職員が自らの判断で、利用者の行動・所作を制限する場合とでは、変わってしまうこともあるかもしれません。仮にマニュアルがあっても、職員の判断に個人差が生じるのは否めません。あってはならないことですが、主観的な判断には曖昧さは避けられないのです。とは言っても、それを利用者に是認してほしいと言えるものではありません。

トラブルには瞬時の判断で対応

また、注意をした利用者が口にする台詞として、「他の図書館で言われたことがない。こんなことは初めてだ」というものです。全員が即座に均質に判断できるマニュアルづくりが必要なことは言うまでもありませんが、グレーゾーンの存在は不可避です。トラブルを大きくしないためにも、館長はじめ役職者による瞬時の判断ができる体制づくりが必要であると思います。

特に、施設利用に関して、明確な基準による行為規制のできないものは、近隣の図書館と、事例研究を重ねながら、合同のルールづくりをすることも有効かと思います。

粗暴な言動が目につく人や、不審な行動をとる人を発見した時は、管理規則に違反する旨を告げ、退館命令等、迅速かつ厳格な対応をすべきです。これは、もちろん館長自らが行うべきです。館内に「図書館の自由に関する宣言」は掲示してあっても、入館制限等の利用規則が館内に掲示していない図書館がほとんどです。いくら工夫しても全来館者に周知徹底することは無理ですが、「何を根拠に退館を求めるのだ」と抗弁されたときのためにも、館内掲示をしておくことを勧めます。

退館を拒まれた場合は、速やかに警察に通報することが肝要です。穏便に処理しようと長々と説明していると、そういう行為自体が、事の成り行きを見ている利用者の新たな図書館不信を生むことになるかもしれません。

図書館は、厳密に言えば、利用者に涼や暖を提供することを主なる目的につくられた施設ではありません。子どもたちが自宅から持ってきたカードを広げ、大声を出して場所を占拠して遊んでいる場合も、同様に図書館サービスを享受することを目的にしていないわけですから、十分に注意するに値します。ただし、この場合は即刻退館ということを求める必要はありません。注意に従わず、館内の風紀を乱すような場合は、退館という手段に至ることもあることを教示することが必要です。図書館は単なる遊び場ではありません。

このほか、督促を無視した返却資料の延滞、資料の汚損・破損、盗難、ストーキング、器物破損など、日常的にさまざまな危機を抱えています。図書館は公共サービス機関です。公共サービスは公平でなければなりません。明らかに意図的な瑕疵があった場合は、厳格にペナルティを課すべきであると思います。逆に不可抗力により生じたものは、柔軟に対応できるようなルールが必要だと思います。これが逆になっては本末転倒です。

12. ホスピタリティ

――気持ちの良い図書館づくりを

なぜか語られないホスピタリティ

研修会等の講師を引き受けた時に、「図書館員にとって最も必要なものは何ですか」と聞かれることが度々あります。それに対して、私は常に「ホスピタリティです」と答えます。

図書館情報学のテキストや研修会等で、なぜだか「ホスピタリティ」という言葉を読んだり聞いたりしたことがありません。はっきりした根拠は示せませんが、いつしか私は「図書館界で初めてホスピタリティという言葉を使った者です」と、勝手に言うようになりました。また、著作でもホスピタリティの重要性を書いています。

私の言うホスピタリティとは、単に職員の接遇だけを言うものではありません。スキルも当然そこには含まれますし、図書館と言う「箱もの」もホスピタリティの対象であると考えています。老朽化した建物であっても、張り紙一枚の表現など、工夫次第で気持ちの良い施設にすることはできます。何か新しいことを提案・提唱するものではありません。これまで多くの斯界の先達が言ってきたことかもしれません。ただ、あまりにあたりまえすぎて語られてこなかったのが、ホスピタリティではないかと思います。

要するに、利用者に気持ちよく来ていただき、気持ちよくお帰りいただくこと。その奉仕の精神を持った職員でありたい、というものです。

ところが実際には、「こんにちは」も「ありがとうございました」もない図書館があまりに多くあります。書店の本で栞が出ているところはありません。しかし、図書館にはだらしなく栞が出ているところがたくさんあります。職員も、施設も、資料も、利用者を気持ち良く迎えることが図書館のホスピタリティだと考えます。

開館時間が10時の図書館があったとします。職員は8時30分までには出勤しているはずです。しかし、開館時間前に電話をしても、録音音声が流れてきて、職員につながらない図書館があります。現に職員が勤務しているにもかかわらず、電話に出ないというのはどういう理由があるのでしょうか。複合複施のため、図書館で自由に設定を変えられない、という理由があるのなら仕方のないことですが、図書館単独の施設で、電話に出ることを拒む理由があるのでしょうか。こういう図書館からは、私はホスピタリティを感じることはありません。

旧態依然の図書館員の接遇

図書館に電話をして、辟易させられることがあります。それは待ち時間の長さです。職員の出勤状況すら瞬時に答えられない図書館が多いのです。どういう体制で外線からの電話を取るようになっているかは図書館によって違います。確かに数十人のスタッフを抱え、しかも変則勤務となれば、職員のシフトを暗記できないのは仕方がありません。しかし、逆に数百人の従業員を抱える大手の民間では、即答で返ってくるところがあります。自分が電話で照会した場合を想像してください。瞬時に職員の出勤状態が返ってきたら、どれだけ気持ちよいものでしょう。職員全員が、ポケットにシフト表を入れておけば、瞬時に確認できることではないでしょうか。

また、電話を受けたときの挨拶は「○○図書館の□□でございます」が望ましい答え方です。ときおり自分の名前を言わず、館名だけ答える図書館がありますが、これは論外です。

フロアワークで声がけ

私が14年間現場で実践してきたことの一つに、フロアワーク時の利用者への声がけがあります。館長になってからは、時間は少なくなりましたが、ＯＰＡＣの前で操作等に悩んでいるように見える利用者がいれば「おわかりになりますか」と聞きました。書架の前で長らくたたずんでいる利用者がいれば「探し物は見つかりましたか」と尋ねます。片腕で赤ちゃんを抱え、空いている手で申請書等に記入している利用者がいれば「お子さんをだっこしましょうか」と伺いました。児童書架でクルマの図鑑を見ている小学校低学年の子どもには、本を覗きこみ「おっ、これポルシェだね。スーパーカーが好きなら、大人の本の棚にスーパーカーの本がたくさんあるよ」と、書架まで案内したりもしました。こういったことを日常的にやっていました。もちろん、自慢すべきことでもない、図書館員ならば当たり前のことです。でも、やっている図書館員は、そう多くはありません。なぜか、図書館員から利用者に声をかけないのが斯界のルールのように感じられなくもありません。

先のスーパーカーの件は、4歳くらいの男の子に教えられたものです。その子は、小さな「鉄ちゃん」でした。児童コーナーにある鉄道の本をすべて読んで（見て）しまって、新しい本がありませんか、とお母さんから事情を伺った時に、一般書の棚を案内したところ、貪るように一般書の鉄道ものを見はじめたのです。それからは、図書館に来るたびに、その子は一般書を借りていきました。鉄道の本を大事そうに抱えるわが子を、「本当に電車が好きなのですよ」と、見守るお母さんの姿が印象的でした。そして、その子がお父さんの転勤で引っ越すことになったとき、わざわざ挨拶に来てくれたのです。しかも、「図書館のおじさんにお別れを言いたい」と、その子がお母さんに言ったらしいのです。こんな出会いがフロアワークでは待っています。逆に、この子からホスピタリティを教えてもらったようなものです。

気持ちの良い図書館を創る。どんなに施設が老朽化していても、どんなに資料が貧弱でも、これは、明日から、いや今からすぐに実践できることです。

まずは、館内を歩いてください。利用者に目礼や挨拶をしてください。言葉に発しなくても、利用者が何かを語りかけてくるはずです。

13. 資料収集

――司書に一任するのではなく、館長自らも選書を

選書は館長の重要な職務

資料収集は図書館サービスの根幹であり、収集から除籍まで、その一切の責任を図書館長は負っています。図書館めぐりをしていて、時おり「私は一切選書をしていない」と公言する館長に出会うことがあります。このように答える館長には二つのタイプがあります。一つは「選書に加わりたい気持ちは持っているが、自分は本に詳しくないので選書は遠慮している」というタイプです。もう一つは「選書は司書の専任業務。一切司書に任せている」というタイプです。

「遠慮」も「委任」も、いずれも図書館長は選書をしていないということであり、決裁時に選書リストを見るとはいえ、書名・著者名の一覧を見て、本の中身がわかるはずがありません。後日、選書に関してトラブルが生じた場合、館長は責任ある説明ができるのでしょうか。

現在、大半の図書館は民間MARCを採用し、資料も地元の書店からではなく、東京など都市部に本社を置く大型書店や、MARC作成会社から購入している図書館が多く、鳥取県立図書館のよ

うに、地元の書店から書籍を購入する例は少ないと思われます。

書籍を選択する際の判断基準も、民間会社が作成した書誌情報誌から得ているのが一般的で、参考図書、児童書、専門書を除き、一般書は現物を見ずに、書誌情報から選書しているのが実態だと思います。

選書は資料収集方針に準拠して

選書は、選書担当者の嗜好で行うものではないことは言うまでもありません。図書館には資料収集方針が定められており、これに準拠して行われる行為です。「図書館の自由に関する宣言」には資料収集方針を作成・公開することがうたわれており、また、「図書館員の倫理綱領」には、「図書館員は常に資料を知る努力を怠ってはならない」とあるのですから、館長は「遠慮」も「委任」もしてはならないのです。

利用者と図書館のトラブルで多いのが、返却処理ミスによる信用の失墜、著作権法第31条をめぐる複写に関する理解の齟齬、そして、利用者からリクエストのあった書籍の購入の可否判断です。図書館によっては、数十頁に及ぶ詳細な資料収集方針を定めているところもあれば、A4判2頁程度の簡単な資料収集方針と多様ですが、この方針こそが利用者の要求と対峙した時、図書館側の「判断基準」となるものです。館長は、自館の収集方針をきちんと理解するとともに、他館の収集方針を不断に調査研究し、自分で納得のいくものにしておく必要があります。自分は納得していないが、基準がそうなっているからと諦念するのではなく、疑問を覚えたなら、スタッフととことん議論することが必要です。

資料の選択は、現物の見計らいが理想ですが、よほどの資料購入予算がなければ、書店に現物を図書館まで搬入させることは困難です。直接、書店に出向き、棚から選書するのも、一定の規模の書店が条件となりますし、また、庁内の会計処理の問題もあり、自治体によってできないところもあります。

いずれにしても、図書館長は、経験年数、司書資格の有無ではなく、選書に関わる義務があると思います。工事現場を持つ部署で、「私は現場を見てもわからないから行かない」と言って、工事の進捗状況や工事の完了に立ち会わない管理職はいないはずです。

書誌情報の載ったカタログを職員回覧で選書しているのであれば、館長自身も、その選書に加わるべきであり、新聞・雑誌の書評や広告に関心を持つことも館長の「責務」です。また、定期的に書店の棚を見て歩くことも励行してほしいことの一つです。

選書の最終判断者は館長

資料収集に関しては、先述した「図書館の自由に関する宣言」「図書館員の倫理綱領」に加え、「図書館の設置及び運営上の望ましい基準」と「公立図書館の任務と目標」などに記された資料収集に関する文言を読めば、その考え方の基本は理解できるはずです。この基本を押さえずに自分の考えを披瀝するのは好ましくありません。

図書館長は、まず資料収集方針について持論を語る前に、先述した公的な文書を読み、理解することが必要だと言うことです。時おり、自説を熱く語る館長に出会いますが、そういう人に限り、大半の館長は、これらの公的な文書を読んでいないことがわかります。

私は塩尻の館長時代、リクエストに応えられない資料と最終判断したものは、必要とあれば職員任せにせず、自ら利用者に連絡を取り、要求に応えられない旨の説明をしました。なぜならば、「図書館の自由に関する宣言」には、「図書館は、国民の知る自由を保障する機関」と明記してあるからです。「なぜ私のリクエストは通らないのだ」と、この点を挙げて、強く主張する利用者がいます。当然の主張です。

電話口でリクエストしている方を納得させられず困っている職員を傍観するのではなく、館長自ら積極的に説明・説得する姿勢こそが、資料収集方針の全責任を負う館長の責務だと思います。

14. 研究紀要

――学びの集団の集大成に

「研究紀要」を編集している公共図書館は僅少

図書館職員の一部には、図書館情報学や類縁学問の学会や研究会等の組織に加入して、継続的な学習、実践・研究の口頭発表、論文発表等に励んでいる人がいます。

市役所内では、それほど名の知られた職員ではなくても、図書館界では、全国にその名を知られるという職員がいるのも、この世界独特のものなのかもしれません。こうした人が、公募館長や招聘館長として、出身自治体を離れ、全国で活躍しているというのも、斯界の特徴といえます。

国家公務員のキャリア採用者が、一定期間、地方の県庁や市役所に、高い役職を与えられて派遣職員として厚遇されるのと違って、採用された市役所・町村役場を早期退職して、しかも決して厚遇されることなく異郷の地に赴任するのですから、かなりの冒険でもあります。

こうした世界の特徴として、東京都立図書館や大阪府立図書館のような大きな自治体の図書館では、研究紀要を発行しているところがあります。博物館では地方の自治体でも珍しくないものですが、図書館ではまだまだ僅少と言えます。

図書館職員が継続的に一定のテーマを研究すると言うことはきわめて望ましいことです。研究とは発表の場があって完結するものですし、継続的な学習の原動力となります。外部の機関となると、特に学会誌は査読というきわめて高い敷居があり、また、図書館員は研究者ではないため、研究という言葉は非日常的なものであり、日々の仕事に埋没しがちです。しかし、図書館独自の逐次刊行物の研究紀要があれば、論文の内容は学会等の機関誌に及ばなくても、ポジティブな職員には大きなモチベーションとなるものです。また、職員が切磋琢磨する学習環境の醸成にもなります。何より、市民や庁内に図書館職員の高い学習・研究意欲をPRすることにもつながります。単独で難しければ、広域で取り組むのもいいと思います。

研究論文が難しければ、研究ノートやレビュー、実践報告でもいいと思います。書くという行為を仕事以外の一つの楽しみにすることが、新たなモラールとなる職員もいるはずです。

学習風土の醸成の一助にも

図書館では高学歴の非正規職員が、金銭的に恵まれない条件下で就労している例も少なくありません。せめて、こういう研究発表の場を身近に整えることで、図書館という存在を庁内や地域社会に訴えることも必要です。何よりも、学習風土を醸成し、モチベーションにもつながります。

決して高尚な論文集をつくりましょう、というものではありません。紀要が難しければ、全職員による書評誌や先進地研修報告記でも良いのではないでしょうか。図書館が、一人でも多くの職員にとって、働く職場（給与や賃金を得る場）であることに加え、学びや知見を発表する場となることで、組織力はより強くなり、市民サービスも向上していくものと思います。

15. 排架

資料を活かすことを念頭に

読者と本との邂逅を演出

図書館サービスの最大のツールは資料です。そのツールを生かすも殺すも、職員の図書館への愛情とアイデア次第です。

しかし、図書館の書架はどこも満杯。書架の空いている図書館は新しくできた図書館で、築後数年も経つと、書架を本が埋め、さらに書架の天板の上にまで本が並ぶ状態となります。実は、私は勤務していた鹿嶋市も塩尻市の旧館もそうでした。率先して一冊でも多くの本を見せることに腐心していました。閉架書庫も満杯という事情があったことも理由ですが、閉架書庫に入れてしまったら、読者と本と邂逅が演出できないとの思いからでした。

実際に、所蔵照会のレファレンスを受け、閉架書庫から本を持ってきて利用者に手渡すたびに、ランガナタンの図書館の五法則の一つである「図書館は読者の時間を節約せよ」を実践できていないことに苦しみました。「こんな素晴らしい全集があるのを知らなかった」「絶版で諦めていたものが、ここにはあったのですね」等、開架書架にさえあれば、利用者は容易に出会っていたのに、という思いでした。

でも、これは間違いだと気づきました。開架に置いてあっても出会えたかどうかはわかりません。膨大な資料が並ぶ図書の森で、お目当ての資料に自力でたどり着くのは、よほどの達人でなければ無理です。いや、達人を自認しても、図書館の排架方法と本人の理解に齟齬があれば、それもかなわぬことです。置いてあれば出会える確率が増すと言うのは思い込みでした。本に対する「嗅覚」の優れた人は、姿が見えなくても、どこにあるかを察知します。しかし、そうでない人は、目の前にあっても気づかないものです。もちろん、見せないよりは見せた方がいいのですが、図書館資料全体の視認性を良くするには、可能な限り見せるのは、かえって資料に出会いにくくすることにもなるのです。

一年中、開架書架の所定の場所に置いてある本で、一年に一度も貸出されたことがない本でも、テーマブックスとして置いた途端に貸出になるという経験は、テーマブックスの企画を担当された職員なら誰もが経験していることでしょう。

「魅せる」工夫、「誘う」工夫

図書館の資料を有効に利用してもらうには、「見せる」だけではなく、「魅せる」工夫が必要です。どこの図書館でも「魅せる」工夫はやっています。表紙見せ、ＰＯＰでの宣伝等、枚挙に遑がありません。でも、「誘う」工夫をしているところは決して多くありません。図書館員にとって便利なＮＤＣでも、利用者からみたら決してわかりやすいとは言えません。ＮＤＣを覚えてしまえば、本探しは容易ですが、それを利用者には求められません。しかし、館長が他部署から図書館に異動し、半年も経つのにどうしても本が探しにくいというのなら、排架に問題あり、と考えるべきです。職員が本を見つけにくい書架を、市民が見つけやすい書架と感じるはずがありません。

私が職員と何度も協議を重ねた塩尻市立図書館の排架の特徴は、大きく三つあります。一つは、視聴覚資料を別置せず、書籍と混配したこと。二つは、ＮＤＣの大分類の流れを0類から9類へと規則的に並べなかったこと。三つは、ＮＤＣが違っていても、独自のラベルを貼付し、関連資料を一緒にしたことです。愛知県田原市の図書館が大胆な排架をしたことで斯界では知られていますが、一つ目の混配は、私がその時点で訪ねた３００館余の図書館で、一度も目にしたことのないものです。

なぜ、こうした図書館員にとって手間のかかることをしたのか、一言で言えば、利用者目線で考えたということです。図書館流に言えば、関連資料の出会いを演出したということです。これは、すべて私の経験則から生まれたものです。いわば、利用者から教えていただいたものです。また、中小企業診断士の受験勉強で、消費者の購買意欲をそそる陳列法などを学んできたことも根底にあります。

ＡＶ資料と本の混配

一つ目の混配は、カウンターに貸出用の本を持ってきた利用者に、視聴覚資料にも関連する情報があることを伝えると、大半の人がその関連資料を借りていかれた実体験によります。スノーボードの乗り方の本を借りに図書館に来た人が、図書館にスノーボードの乗り方を解説したＤＶＤがあると思ってもいない人が大半なのです。

「ゴッドファーザー」のＤＶＤを借りていかれる人の中には、アル・パチーノやマーロン・ブランドの本が読みたい方がいるのではないでしょうか。ならば、ヴィレッジ・ヴァンガードのように関連資料として並べることが、「誘う」ことになるのではないかと思います。もちろん、デメリットもあります。内容ではなく、メディアごとの資料種別の方が探しやすい場合もあります。一長一短はあります。でも、出会いを演出するという読書案内の視点で考えた場合に、私は混配を選び、職員にその利点を説きました。

二つ目の大分類の不規則排架は、０類（総記）から９類（文学）をゾーニングし、内容の近い類はどれとどれか、利用者の年齢層・性別等を考慮したときに、どの流れが良いかなどを考えました。例えば、２類（歴史）と４類（自然科学）の間にある３類（社会科学）の利用者層の分析をし、２類と４類は近いものがあるが、３類はそれよりも６類（産業）に近いと分析し、ゾーニングしたものです。

三つ目のオリジナルラベル貼付による関連本の配架ですが、例を挙げれば、疾病名を貼付した闘病記です。胃がんの闘病記でも、医師が書けば4類、芸能人が書けば7類、一般人が書けば9類となります。著者よりも疾病そのものへの関心が強い読者には、これでは非常にわかりにくい書架となります。そのため、疾病別の排架としました。

また、旅行ガイドは2類、簡単な外国語の会話術は8類（言語）、旅のルポルタージュは9類と、同じイタリアに関するものでも、図書館ではバラバラに置いてあります。これでは、関連資料にたどりつけるはずもありません。ならば、別置シールに国名を記し、一か所に集めることで、利用者の時間を節約し、出会える機会を演出しようとしたのです。

図書館の書架は利用者のためのものでなければなりませんし、資料を最大限生かさなければなりません。そのための工夫をぜひやってみてください。慣れてしまうと「こんなものだな」と諦めてしまいます。自分が探しにくいのは、市民はもっと探しにくいのだ、と思って職員と検討してみることです。

また、文学全集、個人全集は、現物を手にして目次を見ない限り、読者には情報を提供できないものが少なくありません。動かない本だからと閉架書庫に置いてしまう図書館が多く見られますが、これは開架書架に出すべきである、と思います。書店では見られないこうした作品こそ、図書館はその存在を市民に知らせるべきであると思います。

16. 資料の除籍

――図書館の真価が問われる判断

各自治体によって違う除籍基準

図書館は増え続ける蔵書を適宜、館の除籍基準に基づき廃棄処分を行います。年に一回のところもあれば、年に複数回行うところと、それぞれの事情によります。

除籍基準は図書館によって相違があります。概ね共通するのは、利用頻度が著しく落ちた複本のある資料、汚損・破損本、年次出版物で内容が時代にそわなくなった各種申請マニュアル本や旅行ガイドブック、改正前の法律の逐条解説等です。その他にもいろいろありますが、私の個人的な基準では、驚くような資料が除籍されているのも事実です。しかし、これは個々人すべて、資料の価値基準は違うので仕方のないことです。鹿嶋でも塩尻でも、初めて除籍の決裁をする時に、その対象となる本を確認し、驚いたものでした。

インターネットで古書を注文し、送られてきた本が図書館の除籍本であることは珍しいことではありません。ただし、その本を除籍した図書館の蔵書検索をすると、一冊しかない価値のある（私の基準）本を除籍していて、驚かされることがあります。

塩尻の図書館の館長になって驚いたことがあります。『図書館雑誌』を除籍していたからです。鹿嶋市では当時は永年保存でした。もちろん、どちらが正しいというものではありません。考え方が違うだけの話です。しかし、私は『図書館雑誌』を除籍することに異論を唱えました。館長権限で、今後は廃棄しないと職員に説きました。なぜなら、図書館に関する古い情報にあたるとき、必ず対象資料となるものであり、類書のない唯一の逐次刊行物であるからです。近隣の図書館がもっているので、分担収集というのなら百歩譲っても、そうでなければ廃棄する理由がないと判断しました。ましてや、ここは図書館。図書館に関するものは網羅的に収集・保存すべきであるという考えです。

地域資料保存の意義

ある時、カウンターに立っていたら、高齢の利用者から声がかかりました。「あなたが、茨城から来られたという館長さんかい。一つ確認させてほしいのだが、あなたは郷土資料の保存についてどう考えているのかい」。私は「郷土資料は図書館の命。よほどの汚損・破損の状態とならなければ、一点たりとも廃棄はしません」と返答しました。

私への質問の背景にはこういうことがあったようです。それは、以前、郷土資料の廃棄、しかも、郷土在住で存命の方の書籍を、図書館が除籍本としてリサイクル市に出したことがあったらしく、その光景を見て、図書館への信用をなくしたとのこと。私の一言で、「わかった。ならば、私の持っている郷土関係の資料を塩尻の図書館に預けることにする」と言って、郷土史家のその利用者は、多くの貴重な資料を図書館に寄贈し続けてくれています。この一件は、後で図書館員に聞くと、大量に複本があったための除籍だったと知りました。しかし、そのような事情を知らない人が誤解するのは当然のことです。せめて一筆、その旨の表示が必要であったと思います。

同じことは鹿嶋でもありました。自分の著書が廃棄本のコーナーにあるのを見た鹿嶋在住の著者の心中を慮れば、図書館に二度と著書は寄贈しないと非難されても仕方ありません。しかも、複本がないものの廃棄となれば、除籍の説明は困難です。

資料保存という図書館の役割

このような経験から、私は決裁前の除籍本の仕分けが済んだものは、必ず一点一点慎重にチェックしました。事務的な決裁には、館長の捺印が必要ですが、こればかりは自分の目で確かめないと、間違いがあった時に説明がつきません。自分の目で確認してあれば、クレームがあったときに整然と説明ができます。

除籍の判断でいちばん注意を要するのは地域資料です。一般に広く流通していた（いる）資料ならば、入手はできるものの、少部数出版、近隣自治体での未所蔵本、非流通本等のレアな資料の多い地域資料は、うっかり除籍すると、地域のタイムマシンとなるべき図書館の役割を失墜しかねません。また、個人の住所、氏名等の個人情報が掲載された地域資料などは、除籍したものとはいえ、それが誰かの手に容易に渡るようなリサイクルの方法は避けなければなりません。

また、寄贈者の氏名が書いてあるような資料も、その名前を見えなくするような措置をせずリサイクルに回すことも好ましくありません。

私はかなり時間をかけて除籍候補資料を点検し、担当者には、どういう理由で除籍対象から外したかを詳しく教え、次回からの判断基準として学習するよう指導しました。そうすることで、選別基準を明確にし、全体化することに努めました。

また、館長が自ら見て判断を下すことで、除籍か否かで神経を使う職員のストレスを軽減できることは言うまでもありません。

除籍された資料に関して、その判断基準を明確に示してほしい、と利用者に求められたとき、「私は知らない」とは館長は決して言えません。きわめて大事な仕事です。自ら納得した上での決裁としてください。

図書館備品としての資料は、知的財産であり、行政の財産管理とは一線を画します。この意識をもって務めてください。

17. 統計

——単なる結果ではなく将来のサービスの糧として活用を

棚の鮮度管理

図書館に異動になって、役所で今まで経験した業務と違って、図書館はやたらと統計が多いことに驚く職員が多いと聞きます。来館者、貸出冊数、返却冊数、レファレンス件数等、毎日、「各種の統計」が日報として整理されているはずです。

私は、この統計を塩尻の館長時代、「館長速報」として毎月、統計値を分析して職員に回覧していました。前年同月に比べどういう傾向が読み取れるか、単に貸出が増えた減ったではなく、利用者層の傾向を分析し、選書や棚づくりにも利用する目的です。統計は単に「終わってしまったこと」ではありません。図書館サービスを分析・見直しする際の客観的数値です。これを一年に一回、目を通すだけでは、利用者目線に立った図書館経営はできません。

特に利用率、回転率をコレクションづくりの参考にしました。全国区の職員研修でコレクションづくりの研修講師を任された際、受講者が勤務する図書館の利用率、回転率の事前の提出を求めました。ところが、大半の図書館が利用率、回転率の統計をとっていないことを知り驚きました。また、提出を求められたので初めて統計を調べたというところもありました。

私は個人的に「棚の鮮度管理」と呼んでいますが、利用者から見て魅力的な棚になっているかどうかという視点を大切にしないと、いつのまにか図書館員の自己満足の棚になってしまうことを危惧しています。現にそういう棚を全国各地で見てきました。あまりにも図書館員の価値観が表れすぎていて、背表紙の色褪せなどお構いなしで、「魅せる」棚になっていないことです。

限られた書架を有効に使うのは、限りなく書架に資料を並べ、満杯にすることではありません。逆に書架に余裕を持たせることで、資料は有効に活用されることを知らない図書館が多く見受けられます。多分、閉架書庫も満杯で仕方なくそうしているところもあるのでしょうが、いずれにしても好ましい排架とは言えません。その棚の鮮度を見る一つの方法が利用率や回転率なのです。

利用率とは

例えば、わかりやすく説明しますと、1000冊の本（すべて貸出可）があって、そのうち100冊の本が年に1回以上貸し出されたとしたら、利用率は10％となります。要するに90％の本が棚から動かなかったということになります。となれば、この棚は利用者に魅力的に映っていたのかは疑問です。せっかく購入した新刊書が古い色褪せた背表紙の本に挟まれて、その存在すら主張できていなかったことも考えられます。一段に40冊並んだ棚に、たった1冊の新刊書を入れても、よほど近くに来て棚をまじまじと見なければ、その新刊書は存在すら認識されないのではないでしょうか。新刊棚の時は利用があったのに、所定の書架に置いたら動きがなくなったといった場合には、このことが原因とも考えられます。

回転率とは

次に、回転率とは、先と同様に1000冊の本があって、年間に1000回貸出があった場合、回転率は1となります。NDCの大分類別にみたとき、例えば、総記が0・5、社会科学が2・2、芸術が3・6など、ジャンルごとの本の動きがわかります。大分類ごとに持っているジャンルの利用傾向もありますが、選書の偏重がないかを知ることもできます。利用率と組み合わせれば、ある同一のNDCの資料が100冊あったとして、利用率が10%で回転率が1だとすると、極端な例示ですが、たった10冊の本が単純平均で年に各10回貸出されたことになります。それならば、まだましな方で、僅か5冊の本が各20回貸出されても回転率は1です（この場合の利用率は5％）。こうなれば、全く魅力のない書架といえなくありません。

よく利用される本は、予約棚に戻され、所定の棚には帰らないことも考えられます。となると、「売れっ子」を欠いた棚は、全く魅力のない棚になっていることになります。いったん、そういうイメージを利用者に植え付けてしまうと、いくら工夫しても、そのイメージの払拭には時間がかかることになります。

先述したように、新刊書が新刊棚にあるときは利用があったものの、分類の棚に排架したら利用がピタっと止まったというものです。考えてみてください。一段に40冊の書籍が並んでいたとして、その中にたった1冊、僅か厚さが2㎝ほどの本がそこで自己主張できるでしょうか。たまたま棚のいちばん隅で、しかも大型の本が隣に並んだら最悪です。図書館は、ルールどおりに資料を並べればいいというものではありません。資料の存在をきちんと来館者に伝えられなければ、排架の意味がありません。

もちろん、利用率、回転率が棚づくりのすべてではありません。分類によって、排架基準は違ってきます。あくまで、一つの手法として、統計を活かしてはどうか、という提案です。

統計は全職員が共有する情報

また、統計は、館長や担当職員だけのものではありません。言うまでもなく、正規も非正規も職員に区別はありません。自分が勤務する図書館の統計に不案内な図書館員に出会うことが度々あります。そこで「正規職員ではないのでわかりません」という答えが返ってくることがあります。特に秘密事項ではなく、むしろ職員ならば共通認識していなければならないような統計が職員に下ろされていないのです。

情報の拠点であるべき図書館で、肝心なことが周知されていないのは、利用者からみたら奇妙に映るに違いありません。

統計も含めさまざまな情報は、館長や正規職員が独占するものではありません。可能な限り職員と共有することが望ましいと思います。情報の共有化が職員の士気を高め、組織風土を向上させることにつながっていきます。

さらに、統計を普段からこまめにチェックし、自分用に加工しておくことで、議会や委員会等で、最新の情報を質問者に伝えたり、説明に使えたりすることができます。館長に質問すると、何でも最新の統計を基にした回答が返ってくる、といったイメージができあがることで、情報を扱う図書館をさらに印象づけることができると思います。

18. イベント

図書館サービスの意義を伝えることを忘れずに

一過性ではなく、本を知り、広げる契機に

図書館は、図書館法第2条にあるように、「教養、調査研究、レクリエーション等に資することを目的とする施設」であります。よって、土日ともなれば、全国津々浦々の図書館でイベントが行われています。定期もあれば不定期もあり、幼児・児童向けもあれば成人向けもあります。まさしく老若男女で賑わう施設となります。

図書館めぐりの楽しみの一つが、偶然、このイベントに遭遇することです。クリスマスが近づいた時期に、サンタクロースに扮した強面（と見える）の館長が子どもたちに囲まれているシーンなどに出くわすと、手品やバルーンアート等、毎年、サプライズをねらって密かに練習していた頃の、かつてのサンタ姿の自分を思い出します。

ところが、ときどき、自分のいる場所が図書館なのかどうかわからなくなる時があります。それは、イベントそのものが図書館でやる意義が理解できないもの、図書館の資料の活用を促すような

仕掛けのないものに出会った時です。

人さえ集まれば何でもアリ、という考えなのでしょうか。無節操なイベントにとまどう時があります。もちろん、法を犯しているわけではないので、気にすることはない、との考えで企画されたのでしょうが、スポーツセンターや武道館でやった方がいいような内容で、しかも、このイベントをすることで読書や図書館とどう結びつけるのか、地域の文化を見直す機会になるのか、ただの集客にしか思えないものがあるのです。

読書のきっかけづくりが図書館のイベント

私は、図書館のイベントはあくまで図書館(資料)の活用を促すものでなければならないと思っています。ジャズのコンサートを例に挙げれば、ジャズの名曲が出てくる小説一覧を作成し、現物の図書を並べることで読書に誘う。また、レコードジャケットや楽器を飾り、PRすることで、図書館未利用者の開拓を図るなど、私は必ず読書への仕掛けをしてきました。ライブも単にジャズの演奏だけを聴いてもらうものではありません。職員のアイデアで、読み聞かせを挿入したり、絵本を「譜面」に演奏してもらったりもしました。ここは、コンサートホールではありません。れっきとした図書館です、ということを知ってもらうことが大切だと思います。単なる演奏を聴いてもらうだけなら、音響の優れた場所で行うべきです。また、塩尻の図書館では、施錠できる展示ケースに市民のお宝を飾ってもらうことで、読書のきっかけづくりを演出しました。

市民のアイデアを活かすイベント

図書館が利用者に見せるものは図書館の所蔵するものに限定されてはいません。市民の、しかも、他では展示の機会の少ない秘蔵品を市民に見てもらいました。例を挙げれば、ミニカー、飛行機のスケールモデル、レコードジャケット、グリコのおまけ、サンダーバードコレクション等、市民のお宝の展示に協力してもらいました。公民館等のカルチャー講座の受講生の作品展などというのは散見する企画ですが、こうした市民のお宝が日の目を見るのは珍しいかと思います。一部の同好者の中では知られた逸品でも、斯界以外では全く知られていないのが、このようなマニアックなコレクションです。

展示に合わせて図書館がやることは、例えば、飛行機のスケールモデルの展示に合わせて、飛行機が主人公になった絵本等を並べました。この飛行機のスケールモデルの展示には、もう一つの仕掛けがありました。展示協力者の方の意向で、同一スケールモデルの飛行機を展示しました。普段、地元の松本空港を離発着する小さな飛行機（当時はプロペラ機）と、成田空港などを就航するジャンボジェットを展示することで、機体の大きさの違いを、平面の本よりもわかりやすく視認できるようにしたことです。普段、大きく見えていた飛行機が、大型機と比較すると、こんなにも小さいものなのか、と感嘆する子どもたちの声がよく聞かれました。

発端は、図書館が企画した今村幸治郎の絵画展に賛同する市民がカウンターを訪ねてきて、私宛に置いていった一枚の企画書でした。主旨は、間近に控えたイベントをもっと盛り上げよう、と提案してくれたものでした。今村幸治郎の作品のモチーフであるシトロエン（フランスの自動車メーカー）にちなんで、シトロエンを中心にミニカーを展示したいとの企画でした。私がミニカー好きであったことも即決の決め手ではありますが、前例がないことをやってこそ、市民との新たな協力関係が生まれるという私の考えに合致したものです。

このようにイベントと図書館資料を結びつけてこそ、図書館で行う意味のあるイベントとなります。講演会もそうですが、講師の著書、講師が紹介された雑誌等を並べるのは当然のことです。これをしなければ、図書館で行う意義が薄らいでしまいます。図書館のリソースをどう活かすかが大切なことです。

また、コラボレーションによるイベントは、それまで図書館を利用したことがなかった人たちを、どれだけ図書館の利用者へと変えていくかが、イベントの成否として問われます。

貸出冊数の多寡と同様、大切なことは、イベントに何人の参加者を得たかではなく、図書館サービスをどれだけ周知できたか、利用者にどれだけ役に立つことができたかです。このことをはき違えて、参加者数だけを成果としてＰＲするのは、本質を見失っているように思います。

また、図書館は社会教育機関として市民の学習援助の機能も持っています。公民館の学級講座のようなものです。パソコン教室、読み聞かせ講座、読書会などさまざまな事業が取り組まれていると思います。こうした講座から生まれる人とのつながりも、利用者開拓の一つです。図書館のリソースを活かした積極的な事業展開は、同時に職員のあらたなモチベーションを生むことにもなります。不断に図書館の可能性をさぐってください。

先述したように、図書館は市民が使うものです。そして、市民が集うところです。最近、利用者が減った、と悩んでいる図書館があるならば、その理由を一番知っているのは市民に他なりません。図書館員だけでその解決法を考えるのではなく、市民も交えて考えてはいかがでしょうか。

19. フロアワーク
――日常業務の一つに

図書館に勤務している幸せを感じる仕事

図書館員の仕事を集約すれば、「職員を知ること、資料を知ること、市民（利用者）を知ること」とは、これまでも言われてきました。

館長室に座っている館長ならなおさらです。一日、館長室で執務していたら、図書館の日常が全く見えません。職員の健康状態もわかりませんし、利用者の声も聞こえません。

館長は、一日一回は必ず館内を歩き回ってほしいものです。職員の勤務態度、利用者の様子、書架の整頓状態、館内の環境チェック、防犯など、歩き回らなければわからない仕事はたくさんあります。また、実際に自身の目で確認しなければならない業務です。

特に分館を持つ館長は、分館職員が来館しているのを知ったら、必ず声をかけることが必要です。普段、なかなか顔を合わすことのない職員に、一言でもいいから、労《ねぎら》いの言葉をかけてください。

館内を見回る際、児童コーナーには必ず寄られることをお勧めします。親子で本に親しむシーンを見ることは館長（図書館員）冥利に尽きます。そして、子どもや保護者との会話を楽しんでください。会話から、図書館の大切さをどれだけ教えられるかしれません。

館内のＯＰＡＣの前で考え込んでいる人や、何度も書架を行ったり来たりしている人を見かけたら、声をかけてください。機器の操作や、検索結果の見方がわからず悩んでいる人はかなりいます。あえて図書館員を呼び止め聞くことはしなくても、声をかけられたら質問される人は多いのです。また、声をかけることで、その人が探している情報に関する他の関連情報も示せることもあり、図書館を身近で便利な施設であることをＰＲする絶好の機会にもなります。なかには「もしかして館長さんですか。いや〜、館長さんに書架を案内していただけるなんて恐縮です」などと、言われることもあります。また、利用者から質問されて、わからなければ、すぐにスタッフを呼べばいいのです。決して恥ずかしいことではありません。「この分野に最も詳しい職員ですから」と、一言添えれば、職員の士気も上がります。

倒れている本を起こしたり、返却本を書架に戻したりすることで、書架や資料の状態を不断に確認するように努めてください。何年勤務しても、「こんな本があったのだ」という感動があるものです。

館内を歩けば、返却ボランティアさんなどと顔を合わせることもあります。挨拶を交わし、感謝の意を伝えることも、館長ならずとも職員全員の仕事です。私は、ボランティアさんが図書館に見えたら、職員に必ず連絡をするように指示をし、連絡を受けたら挨拶に行くよう努めました。また、時には議員が来館している時があります。姿を見かけたら、積極的に声をかけてください。図書館サービスをＰＲする絶好の機会です。

とにかくフロアワークは、「図書館に勤務している幸せ」を体感できるすばらしい仕事です。会議や打ち合わせなどで忙しいとは思いますが、一日一回は必ず館内を歩き回ることを日常業務にしてください。

20. 視察対応

——図書館のPRマンに徹して

邂逅を大切にする図書館とは

私がこれまで訪ねた公共図書館は400館近くを数えます。その多くは全くのプライベートの訪問です。名乗ることもなく館内を見て歩くこともあれば、名刺を出して訪問の目的を告げることもあります。図書館めぐりを始めた当初は、鹿嶋市立中央図書館の係長の職にありました。その職も、館長補佐を経て館長となり、勤務する自治体が鹿嶋から塩尻に変わりました。そして、現在、差し出す名刺は、常磐大学や松本大学の非常勤講師に変わりました。

係長時代は、まだ図書館のこともよく知らなかったこともあり、訪問先の図書館職員に「閉架書庫を見せてほしい」「図書館要覧があれば一部いただきたい」など、熱心さが高じて、面倒をかけるような言動もありましたが、自分が館長を経験したことで、相手に負担をかけない訪問方法に変わってきました。

さて、私が何を述べたいのかと言うと、邂逅を大切にする人と、全く無関心な人があり、拙著を読む読者はどちらを選択するか問いたかったのです。

その活動が県内外によく知られる図書館には、日常的に他市町村の図書館員が見学に来ています。それは事前に視察依頼文書が送られてきた訪問よりも、アポなし訪問の方が圧倒的に多いと思います。図書館関係者以外の読者は本著を読んで驚かれるかもしれませんが、とにかく熱心な図書館員は、休日に図書館めぐりをしている人が多いのです。特に新設されたばかりの図書館や、研修会等で事例発表をした図書館には、他県から来ることも珍しいことではありません。

その訪問者の大半は来訪の挨拶もなく、館内を見て歩いていますが、様子からして一目瞭然です。十中八九、私は正体を見破ることができます。なぜならば、私も同様の行動をとるからです。

実際に経験した接遇

そこで、私がこれまで訪ねた図書館では、どういう扱いを受けたかを良い例と悪い例で紹介します。ただし、大規模な図書館は例外とします。条件は、私が来館の目的をカウンターにいる職員（レファレンスカウンターがあれば、そこに座っている職員）に名刺を差し出し、来館の目的（館内撮影の許可等）を告げるところから始まります。

〈良い例〉

・名刺を受取った職員が、事務室にいる上司（館長、課長、係長等）に来訪者の旨を伝え、事務室から上司が名刺を持って挨拶にくる。そして、館内の案内が必要か否か、私の意向を確認する。

・遠距離の来館であれば労いの言葉と、来館を歓迎する旨の挨拶をする。
・カウンターの職員が上司に伝えることなしに、来館目的の可否をその場で判断する。
・事務室にいる上司に伝えるものの、上司は姿を見せず、上司の判断による来館目的の可否をカウンター職員が伝える。

〈悪い例〉

これはあくまで私の価値判断で、これを読者に強要するものではありませんが、少なくとも私の友人から異論を聞いたことがありません。しかし、残念ながら、悪い例に挙げた図書館員に出会うことがしばしばあります。公式な視察には丁寧に応じるものの、アポなし訪問は迷惑だ、と思っているのでしょうか。忙しい中、図書館員に施設の案内をお願いしているわけではありません。せめて、挨拶だけでも交わし、出会いを大切にしたいとは思わないのでしょうか。せっかく、休日や休暇を利用して、訪ねた図書館の対応がこれではがっかりしますし、そのまちに対する印象も悪くなります。

私の勤務した鹿嶋市と塩尻市の図書館の最大の違いは、視察者の数でした。鹿嶋は施設的に老朽化が激しく、際立ったサービスも展開していなかったので、公式な視察は年に1回もない年もありました。一方、塩尻はできたての図書館でしたので、視察の受け入れに追われました。また、非公式にもたくさんの図書館員が来館してくれていました。わかっただけでも、関西や東北の遠方からも来てくれていたようです。

非公式であっても大切な視察者

名刺を持って挨拶に来られた方には、会議や急ぎの仕事がない限り、私が館内の案内を心がけました。もちろん、館長の専任業務ではありません。積極的にスタッフに任せることも経験を積ませるうえで重要です。突然の訪問であっても、名刺をいただくということは、私は、その時点で公式な対応をすべきと思っています。公共の仕事で、セールスを別にして、名刺をいただきながら、自分の名刺を渡さない挨拶ってあるでしょうか。

職員には、カウンターに名刺を持って訪問してきた人がいたら、必ず私に連絡するように指示してありました。また、会議や休日等で挨拶できなかったときは、後日、メール等で来訪のお礼を伝えることを励行しました。

図書館は「人」で決まります。それは、職員のスキルでもあるし、接遇でもあります。初めて訪れた図書館で、館長や職員と意気投合し、食事に行きましょう、などという出会いに発展した時などは、図書館員であることの幸せを感じたものです。

塩尻では、来館者へのホスピタリティを職員に執拗に説きました。その一つが、こうした視察者への対応です。人との邂逅を大切にする図書館でありたいと思いましたし、そういう精神を図書館員に持ってほしかったからです。皆さんのところはいかがですか。

21. 日本図書館協会

──職能集団への加入を

日本図書館協会を支える力に

日本図書館協会という組織を知らない館長はいないと思います。1892年に、その前身である日本文庫協会が発足し、館種を越えた図書館員、大学教員等が会員の中心をなす公益社団法人です。

全国に公共図書館長を拝命している現職者は1600人程いますが、そのうち日本図書館協会に加入している現職館長は何人いるでしょうか。おそらく数パーセントに過ぎないと思います。組織を財政的に盤石にするには、個人会員の拡大は必須要件であり、特に図書館長は、仮に他部署に異動したら退会するにしても、在職中は個人会員として入会し、図書館協会を支えてほしいと思います。機関誌である月刊の『図書館雑誌』を読むことで、最新の斯界の動向に関心を持ち、また、そういう姿勢を図書館員に見せることは、図書館長の務めでもあると思います。部下や市民に会員がいたとしたら、館長が会員であることが、どれだけ誇りに感じられることでしょう。

別稿にも少し触れましたが、図書館界には、たくさんの学協会があります。学協会の多くは入会に際し推薦人を要するなどの条件がありますが、日本図書館協会の入会は特に条件はありません。年会費さえ納めれば個人会員となれます。

日本図書館協会は、世界的に見てもその歴史は長く、アメリカ、イギリスに次いで、世界で三番目にできた歴史ある協会です。年に一回行われる全国図書館大会が平成26年度の大会で100回を数えることからも、いかに斯界の先達が努力してきたかがわかります。

「どうせ二年程度で異動するのに、なぜ入らなければならないの」と反論される読者も多いかと思います。司書として働いている職員でも、その加入率はきわめて低いと言わざるを得ません。ましてや雇用の不安定な非正規職員ともなればなおさらです。アメリカの図書館協会の会員数とは雲泥の差があります。

図書館長は、図書館員の規範でなければなりません。それは不断に学ぶ姿勢もそうであります。日本図書館協会に加入しなくても、学びの方法はいくらでもあります。しかし、図書館で働く一人として、せめて、在職期間中だけでも、斯界を支えるという行動をカタチあるものにするとしたら、やはり会員として登録する行為に尽きるものと思います。

役所の仕事は、どこの部署も何らかの職能集団的な組織があります。私自身、広報では日本広報協会、企画では日本自治体学会の会員でした。部署が変われば迷わず退会しました。会員になることで何を得るのかではなく、会員として自分が身を置く世界を、何らかのカタチで支えるということが、自治体職員の務めであると思い実践してきました。もちろん、部下に強く勧めることのできるものではありませんが、塩尻では4人の部下が会員になってくれました。まちの館長であると同時に、日本の図書館界の一員として斯界を支えてほしいものです。特に地方組織・地域組織を堅牢なものにしていかなければ、公共図書館サービスの充実は望めません。そのためにも、組織づくりの、または組織運営の一翼を担ってほしいものです。

22. 図書館協議会
――形骸化しない運営を

年に数回の会議招集で十分に機能しているか

図書館協議会は、図書館法第14条第2項に「図書館の運営に関し館長の諮問に応ずるとともに、図書館の行う図書館奉仕につき、館長に対して意見を述べる機関」として規定されています。法律で規定されているといっても必置ではありません。そのため、庁内の行財政改革議論の際に、その存続の可否が俎上に載る場合が多いようです。

しかし、設置しているとはいえ、活発な議論の場となっているのかと言えば、年に2回程度の会議の招集では、それは難しいと思われます。図書館の抱える課題を諮問し、答申を受ける機関というよりも、年度当初の会議で事務局からの年間運営方針を伝え、年度末に各種統計や事業報告を行う、というところが少なくないと思います。実際に、運営管理規則で、会議回数を明記している自治体もありますが、卑近な例を挙げれば、私が5年間勤務した塩尻市も、年度当初と年度末に会議を招集するほかは、年に1回の先進地視察研修を行う程度でありました。最も、それを望ましい年間運営としていたわけではありません。限られた予算の中で、それ以上望めなかったことによります。

しかし、鹿嶋市では、諮問したい案件が生じた年度には、図書館協議会委員長の発案で、招集ではなく、あくまで任意に委員に集まってもらい、重要案件の議論を頻繁に行っていた年もあります。要は、非常勤特別職として働くのではなく、自分たちの意思で勝手に集まって議論するので、図書館長は、その事実だけを把握しておいて、といったものです。公的な会議ではないので、報酬も費用弁償も発生しません。委員さんたちもかえって議論しやすいようでした。

塩尻市では、着任する前のやり方をある程度尊重したいという考えがあったので、視察研修も含め、年3回集まってもらっていました。しかし、委員長からは、私的な会話として、会議回数が少なすぎる、という声を度々聞かされました。鹿嶋市のようなやり方もあることは伝えましたが、非常勤特別職の非公式の会議は、会議出席の際に交通事故等が発生した時の責任問題等もあり、積極的に勧めるのも難しいものがありました。

図書館協議会通信の発行

図書館協議会委員と事務局との関係を密にするために実践したのが「図書館協議会通信」の発行でした。毎月1回、A4判片面に、前月の本館・分館（8館）の利用状況、イベント案内や報告等を書いたもので、2時間程度でつくれる範囲のものとして、私がつくりました。通信を送る封書には、図書館のチラシ等も同封しました。月に1回は委員に図書館から情報を送ることで、協議会の形骸化の回避に努めました。郵便ではなく電子メールでの受信を希望する委員には、そちらでの対応をしました。

通信で気をつけた点は、統計を単なる数値の羅列に終わらせず、必ず前月との対比、前年度との対比をしながら、「○年前と比較して、児童書の貸出が減り、一般書の貸出が伸びている」など、数値の分析をしたことです。単に数値を示しただけでは、受け取る委員さんは、何をどう理解していいかわからない、との考えからです。図書館は単に貸出冊数の多寡を報告するのではなく、その数値が何を示唆し、選書等、今後の経営にどういう意味を持っているのか解析することが大事です。また、内部的には、スタッフに回覧することで、職員も毎月の図書館の動きが簡潔に把握できるので、これは効果的なツールであったと思います。

実際、私自身、県立長野図書館協議会委員を務めた経験からも、年に数回の会議開催通知だけでは、委員としての意識も希薄にならざるをえません。また、そのような運営実態では、財政担当から、協議会の必要性に疑問を投げかけられても仕方がないと思います。

図書館協議会の形骸化を防ぐ手法を

協議会を形骸化した組織にしないことが喫緊の課題です。自戒を込めて、予算がないから活性化できないというのは言い訳に過ぎません。役所は、住民参加や市民協働などの言葉をよく使いますが、役所のシナリオどおりに事を運ぼうとする会議が少なくありません。これは、一市民として役所主催の会議に出席するとよくわかります。図書館協議会の形骸化または廃止を防ぐために、まずは、情報の提供をこまめに行うとともに、会議の協議事項、進め方等、工夫を凝らすことも館長の仕事であると思います。

また、ホームページに図書館協議会の会議概要や会議録、さらには過去の諮問・答申内容をアップしたり、ホームページ等で図書館協議会の開催日時を周知し、傍聴者の参加を促したりすることも効果的です。また、任期を終えた委員を対象に、任意でOB会の組織化を促し、図書館運営の強力なサポーター組織をつくるなど、協議会という組織の周知や委員のモチベーションを促すような、さまざまな手法を考えてほしいものです。

23. 市議会

最大の理解者になってもらうために

議会で図書館をアピール

　鹿嶋市と塩尻市の二つの自治体に勤めて、最も相違があったのが市議会でした。常任委員会は、鹿嶋市（当時）は課長職しか出席できませんでしたが、塩尻市は係長クラスまで出席が認められ、課長が議員の子細な質問内容に正確に答弁できない時は、補佐や係長に答弁を任すことが認められていました。これは非常に優れた方式だと思いました。また、質問方式は、鹿嶋市が数十分間も一方的に議員が自身の考えを含めて質問するやり方（現在は一問一答方式）でしたが、塩尻市は簡潔な一問一答方式でした。

　議会終了後の議員と市職員との懇親会は、鹿嶋市は市の幹事課長が会場予約等の一切の段取りを行いましたが、塩尻市は、議会と市が交代で幹事役を務めるなど、あらゆる面で、やり方が違っていました。塩尻では、懇親会の閉会にあたり、議員と職員が手をつないで「信濃の国」を唱和することもありました。

議会といえば、館長の仕事は、一般質問通告があった場合の聞き取りと答弁書作成、さらに、常任委員会での答弁が主なる仕事となります。私が属した鹿嶋市や塩尻市は、他市町村も同様かと思われますが、図書館に関する一般質問はきわめて少なく、質問の全くない議会も度々ありました。

一般質問は、政令指定都市や人口の多い自治体を除き、多くの地方自治体の場合、部長が本会議出席の答弁者となり、課長職は、想定外の質問が出た場合等の即興の答弁対応のため、議場近くのモニター室で控えているのが一般的です。図書館長が直接、議員の質問に答えるのは本会議ではなく常任委員会となります。常任委員会以外にも、全員協議会や決算委員会等、説明はもとより、議員からの質問に答えなければなりません。議案審査としながらも、実際には議案以外の件にも質問は及ぶことが多いのは図書館も同じです。むしろ、一般質問が少ない分、委員会での想定外の質問は多いと言えるかもしれません。

他市町村との比較が図書館評価のポイント

私が議会出席時に実践したことは、予算や決算にしても、また、その他の議案説明にあたっても、説明内容に関連した県内及び全国の必要なデータを説明用に加工して準備したことです。例えば、人件費の嘱託職員の賃金を説明するとしたら、少なくとも県内の主要都市の嘱託職員の賃金を調べて一覧表にしておくとか、図書購入費も同様に、予算要求額が妥当なものかどうかを議員に説明するために、県内外の状況を把握し、質問にも答えられるよう準備しておきました。とにかく、図書館の予算は、議員から見たら、その額が適当かどうかの判断は難しいと思います。

図書館長の説明を聞いて、議員が唯一判断できるとしたら、近隣あるいは類似自治体との比較値しかありません。私は、議案説明では、この時とばかりに、必要最小限の説明や答弁ではなく、手短に余計な図書館知識を語ることで、少しでも図書館への議員の関心を買うよう努めました。

塩尻市役所時代、市役所の管理職員の飲み会で、こんなことを言われたことがありました。「内野館長の答弁は、いつも県内や国内、あるいは時には外国の図書館の話まで出てくるけど、こういう答弁スタイルは今まで聞いたことがない」と。確かに、県内はともかく、県外や、時には外国の情報まで説明や答弁に使う管理職は少ないと思います。でも、これが意外と効果があるのです。

私は人前で話すことは嫌いではありませんが、議会答弁はすこぶる下手でした。議事録を見ると赤面するくらい文脈がデタラメなのです。何故ならば、事前の説明資料、いわゆるシナリオをきちんとつくらなかったためであると思います。人によっては、答弁は用意したシナリオを棒読みする管理職もいます。しかし、これでは議事録は100点満点でも、感情表現の乏しい答弁になってしまいます。議会は聞かれたことに答えるだけの機会ではありません。図書館を知ってもらう絶好の機会でもあります。その意味で、余計なことをいろいろ付録に付けてしゃべらせてもらいました。

また、気心の知れた議員とは、公務員としての節度を持って、飲食の付き合いは必要です。議員は言うまでもなく市民の代表。図書館を知ってもらう絶好の機会です。地道なロビー活動も図書館長の重要な仕事だと思います。

24. 図書館基本計画
――図書館の目指す姿を明確に

図書館基本計画の意義

図書館基本計画は、その策定の根拠が法に規定されたものではないため、各自治体での策定状況はまちまちです。計画がなければ、図書館運営ができない、というものではありませんが、継続的かつ安定的な図書館サービスを利用者に周知し、提供するうえで、計画はぜひとも策定してほしいものです。

自治体における各セクションの単独の計画は、地域福祉推進計画、地方障害者計画、男女共同参画基本計画等、法律によって策定が義務づけられているものもあれば、図書館基本計画のように任意で策定されているものもあります。また、環境基本計画のように、任意計画として策定する場合もあれば、環境基本法と環境基本計画の関係にならい、条例を整備し、そこに計画策定を規定する場合もあります。

そこで、図書館が所管課となって策定する代表的な計画と言えば、子ども読書活動推進計画があります。これは、子どもの読書活動の推進に関する法律に基づき、各自治体で策定されているものですが、義務づけはありません。ちなみに、2013年3月31日現在、全国の市町村における計画策定率は約60％となっています。

なお、2013年5月に、第三次子どもの読書活動の推進に関する基本的な計画が閣議決定されました。

しかし、図書館で言えば、子ども読書推進計画は、対象年齢を限定した児童サービスの個別計画であり、その上位計画となるはずの図書館基本計画が策定されていない市町村があるのは不思議なことです。

図書館基本計画策定の手法

では、図書館基本計画をどういう方法で策定するかですが、一つには、市町村の基本計画の期間に合わせて策定することが望ましいと言えます。そうすれば、市町村の課題も共有できますし、議会や市民への説明も容易となります。何よりも、一度も策定したことのない市町村にあっては、まずは、庁内のコンセンサスを得る必要があります。付け焼刃的に館長の思いつきで計画をつくることは望ましくありません。その必要性を、まずは図書館職員全員で議論し、図書館が属する部（多くは教育委員会）の管理職員の会議に諮り、計画の意義を部内でしっかり共通認識する必要があります。さらに、計画策定の目的等を図書館協議会で議論してもらうことも必要です。

大事なことは計画を策定することではありません。行政は時おり、必要性の議論もろくにせず、計画策定自体を目的としてしまうことが少なくありません。こうなると必ず拙速な論議となり、陳腐な計画となってしまいます。計画は、図書館がどこに向かおうとしているのかを職員全員が共通認識するものであり、市民に広く約束することです。どんなに立派な計画が策定してあっても、肝心の職員が十分に理解していないと思われる発言はよく耳にします。計画書は厚さで勝負するものではありません。例え数頁の計画でも、職員の魂の入った計画であってほしいものです。

図書館サービスの可視化

私が勤務をした鹿嶋市と塩尻市を例に挙げますと、鹿嶋市に在籍していた間は、基本計画は存在しませんでした。また、塩尻市では、着任する1年前に策定されたばかりでした。塩尻の図書館基本計画は、市民が主体となって策定したもので、『これからの図書館像』の理念を基本にしたものでした。私はこの基本計画を忠実に実行すれば良かったのです。

計画とは別に、基本計画がなくても図書館の経営はできます。計画に記した目標値を達成したことで、計画の一部が意味をなさなくなっても、図書館は日々運営されます。計画をつくることだけが目的となってしまったような経験はありませんか。膨大な時間をかけて、一字一句の文言に神経をすり減らして、何度も計画（案）を印刷しては無駄な時間と費用をかけ、やっと計画が出来上がったものの、財政課の予算査定で計画を無視された経験のある方は少なくないのではないでしょうか。そのため、計画策定の意義に否定的な見解を持つ館長もいるかもしれません。しかし、図書館はその時々の館長の個性で経営されるものではありません。指揮者である館長が、図書館基本計画という譜面を基に、それぞれのパートの奏者が最高の美しい音色を奏でられるよう指揮することで「個性」を表現するものです。

市民に対して、どういう曲を演奏するのか、要は、図書館の未来を「可視化」させたものが基本計画です。計画がまだ未策定でしたら、まずは近隣や同規模自治体の図書館基本計画の収集だけでも始めてください。策定作業にかかるには相当の準備が必要ですので、取り急ぎ、日本図書館協会に報告するさまざまな統計値をいくつか選び出し、数値目標を定めてください。これだけでも、図書館が進もうとする方向が可視化でき、職員との経営方針の共有ができるはずです。ただし、くれぐれも計画をつくることだけを目的にしないでください。

また、策定の手順や経過もスタッフにとって大きな学びとなります。策定委員会のメンバーの人選、策定過程への職員のかかわり方、庁内での論議の持ち方など、スタッフに経験を積ませることも館長の大切な姿勢です。

25. 自治体の基本計画・実施計画

――図書館員であると共に自治体に勤務する職員の自覚を

基本計画に無関心な図書館員

１９６９年の地方自治法の改正により、地方自治体に総合計画の策定が義務づけられ、全国の自治体で、似たり寄ったりの計画が策定されているのはご存じのとおりです。私も鹿嶋市の企画部企画課の係長の時に、担当業務として基本計画を策定した経験があります。

参考までに取り寄せた他の自治体の計画は大同小異。山と川と湖の名前を置き換えれば、計画ができてしまうと言うと語弊がありますが、実際に自治体の特徴が見えにくいのが基本構想・基本計画であると言えます。

基本計画は、基本構想をより具体化したもので、前期と後期の10年程度で策定されるところが大半です。そして、この下に実施計画がつくられ、定期的に見直されるのが一般的です。

基本計画は、自治体の企画や財政部門に在職した経験がある人以外、馴染みのない方が多いのではないでしょうか。なぜなら、そこに書かれているのは、「街路樹の保護・育成に努めます」「下水道の普及に努めます」など、担当課に言わせれば、あまりにあたりまえすぎる文言しか書いていないからだと思います。

図書館であれば、「利用促進に努めます」とか「各種事業の充実を図ります」など、どこの自治体の計画も味気ない無難な表現が並んでいます。なかには、図書館が設けられていながら、具体的な施策が書かれず、生涯学習施設の一施設として扱われ「各種生涯学習施設の充実を図ります」と表現されている自治体も少なくありません。これでは、担当課が関心をもって計画など見ようともしません。

近年は、その計画の最終年次での達成度が客観的に判断できるよう、現状値と目標値を設ける計画が主流になってきています。私が5年間館長を務めた塩尻市のある長野県内19市を比較してみると、目標値を掲げていないところは7市ありました。掲げてある目標値でいちばん多かったのは「貸出冊数」と「来館者数（利用者数）」が同数の5館でした。ちなみに、塩尻市は「来館者数」を挙げています。これは、私が「図書館は貸出冊数の多寡のみで評価されるべき施設ではない」と主張したことにもあります。

目標値を挙げている自治体12市のうち、1市以外は、目標値は一つです。これは、膨大な行政サービスを包括する計画として仕方がないのかもしれませんが、担当課としては、なかなか満足しているところは少ないのではないでしょうか。

ここで、館長として大事なことは、計画が策定・見直しされる際に行われる担当セクションとのヒアリングで、図書館サービスをどれだけ訴えることができるかです。企画セクションは自治体全体を俯瞰する仕事ですから、図書館について全く知らないわけではありません。しかし、個人的に図書館のヘビーユーザーでもなければ、ほとんど知らないと言っても過言ではありません。こういう機会に、インパクトのある印象を相手に植え付けることができるかが館長の力量です。

また、実施計画は、予算と直結した具体的な重点施策です。自治体によって、その位置づけに多少の差異はありますが、内容如何で、首長の施政方針にも取り上げられる重要な計画です。しっかりと資料をつくり、図書館をアピールしてほしいところです。

また、自治体には、このほかさまざまな計画がつくられています。中心市街地活性化基本計画、男女共同参画基本計画など、諸計画に図書館が果たせる役割を些細なことでもいいから載せてもらうのも大切なことです。他部署から初めて図書館長に就任してとまどうことが多いように、驚くほど、自治体職員は図書館について知らないのです。

自治体のさまざまな計画に図書館の役割を見出す

ある時、グリーフケアの集まりがあり、それを聞いて、図書館所蔵のグリーフケア関連資料一覧をつくってあげたところ、大変喜ばれたことがありました。あらゆる業務に「図書」が関連していることを思えば、さまざまな計画に「図書館の役割」は見つけ出せるはずです。

本庁から図書館に異動した職員がすぐに感じるのは、本庁にいたときには、容易に耳に入ってきていた些末なものも含めた各種の庁内情報が、プッンと途絶えてしまったことではないでしょうか。特に本庁舎と遠く離れたところに図書館が立地しているとなると、なおさらです。情報の集積地の図書館が、最も身近な行政情報が入手できない過疎地になっているのです。庶務係員は決裁等の関係で本庁に行く機会が多いので、多少の情報は得られるものの、司書が本庁に行く機会は年に数回くらいしかないので、庁内情報の孤島の住人になってしまいます。このことが、自治体に勤務していながら、自治体全体のことに関心が向かなくなる最大の原因だと思います。しかし、図書館は、最も身近な行政情報の発信地でなければなりません。この状態を改善するために、館長は自らの情報収集も当然ですが、司書に対しても不断に情報提供をすることが求められます。

そのためには、市の基本計画はもとより、さまざまな行政計画に目を通すよう指導してください。時には庶務係に代わって、司書に本庁に所用を申し付けるぐらいのことをするのも教育的な指導だと思います。

26. 事業評価

——利用者の「役に立った」という声が拾えるアウトカムを

客観的に図書館を見直す意義

２００８年の図書館法改正で、図書館は運営状況について評価を行うとともに、その結果に基づき、必要な改善措置を講ずることの努力規定が追加されました。

図書館評価のための企画として、国際規格のＩＳＯ－１１６２０、ＩＳＯ－２７８９や、国内規格のＪＩＳ－Ｘ０８１２、ＪＩＳ－Ｘ０８１４といった規格があります。かなり細かな項目があり、とっつきにくいという印象はぬぐえません。また、これで図書館が本当に評価し得るものなのか、疑問に思う図書館員もいるのではないでしょうか。

教育行政を数値化すること自体に無理がある、と言う人もいます。確かにそれは言えると思いますが、主観で相対的な判断できるのかという問いに応えることも困難です。

「自治体の基本計画・実施計画」の項で、長野県内の例を紹介しましたが、基本計画に具体的な数値目標を掲げる地方自治体が増えてきています。全国の自治体をランダムに選び、基本計画を調べたところ、図書館の目標値は「貸出冊数」「利用者数（来館者数）」を挙げるところが多いことがわかりました。

図書館サービスの成果を客観的な数値で評価すること自体、私はそぐわない点も多い、と思っていますが、多くの図書館はどうしても「貸出冊数」に拘泥している感が否めません。実際、メディアもこの数値が好きなようで、「住民一人あたりの貸出冊数No.1」は、全国的によく取り上げられています。

貸出冊数を伸ばすことが図書館の目的だろうか

しかし、私は、この貸出冊数に拘泥するのは危険だと思っています。きわめて重要なアウトプットの一つだと思いますが、目標に掲げることには若干抵抗を覚えます。なぜかと言うと、資料を借りるのは利用者であり、利用者の「満足度」を示す数値には違いないのですが、この数値にこだわりすぎると、選書がベストセラー系の「貸出優等生」へと偏向することが危惧されるからです。仮に、資料購入予算が前年度を下回り、それでも貸出冊数を維持・向上しようとしたら、どういう選書になるでしょうか。それは、参考図書、専門書等、利用頻度の低い資料を買い控えて、貸出頻度の高い資料に傾くことになりはしないでしょうか。実際、多くの図書館で、その傾向が顕在化していることが蔵書を見ても明らかです。

しかし、これは利用者が望んでいることなのでしょうか。これまで、多くの図書館が利用者アンケート調査を行っています。質問の仕方や選択肢の表現等、微妙な違いはありますが、利用者はベストセラーではなく専門書を最も望んでいることがわかります。貸出冊数に拘泥しているのは図書館側（自治体側）で、利用者がほしいのは、ベストセラーではなく専門書なのです。

図書館には利用登録者数という統計値があります。一定期間に一度も利用がなければ登録抹消するところや、住民基本台帳との整合性をチェックしていないために、死亡しても登録されたままになっているところもあります。このように、各図書館の登録条件は均一ではありませんが、登録率は住民の50%程度が一般的かと思います。そのうち、1年に1回以上図書館で資料を借りた人の割合を調べてみてください。多分、住民の2～3割という数値が出てくるかと思います。公共施設の中でも最も利用頻度の高いと言われる図書館でも、この程度なのです。ならば、税の還元の公平性を考えれば、図書館を利用されていない人の方が多数なのですから、こちらを対象に市場を開拓することが望ましいとも言えるのではないでしょうか。

図書館を利用されたことのない市民は、「図書館には自分の読みたい資料がない」と思っている人が多いのではないでしょうか。だとすれば、現在のコレクションを見直し、一人でも多くの住民に図書館サービスを享受してもらうことが公共サービスとして大切だと思います。

図書館を利用したことのない人のことを考える

こういう考えから、私は「利用者数（来館者数）」や「登録者数」を増やすことを数値目標に実践してきました。実際に塩尻では「来館者数」を基本計画の目標値に挙げていました。登録者を増やすには、図書館に足を向けさせる工夫が必要です。広報やイベントの充実はもとより、近隣図書館が積極的に収集していないコレクションを抽出し、資料の差別化を図ることも重要です。そうしたことで、ベストセラー本を買い控えても、登録者が増えれば、結果としては貸出冊数も増えることになるのです。塩尻は、新館が開館した平成22年度に、住民一人あたりの個人貸出冊数が8・6冊となり、県内19市中で20年ぶりに1位になりました。その後、23年度は9・8冊、24年度は10・1冊と利用は伸び、首位を維持しています。もちろん、あくまで結果であって目標にしたものではありません。

図書館の評価は、『これからの図書館像』にもあるように、究極的には住民にとって「役に立つ図書館」として認知されるかどうかであると思います。例えば、自分たちの創意工夫で達成した貸出冊数であっても、図書館がPRするほど、感慨を覚える市民はいないのではないでしょうか。

しかし、図書館の資料で課題解決の糸口が見えた、書店にはない政府刊行物が置いてあったおかげで調査研究が進んだ、レファレンスに懇切丁寧に答えてくれたなど、利用者が「役に立った」というのはまさに実感であり、その経験が、さらに図書館サービスの向上を期待するものへとつながりますし、その体験が最大の「広報」となり伝播することが期待できます。

「役に立った」等の主観的な、しかも個人差のある数値をどう拾うのか、という難しい問題はあります。私が塩尻の図書館長時代、議会の常任委員会で、議員から、市民や市外在住者の声を代弁してのお褒めの言葉を度々いただきました。同席した議員も耳を傾けるわけですし、議事録としても残ります。こうした評価こそが行政サービスの本来の評価の一つではないかと思います。

塩尻の図書館では、「振り返りシート」という葉書の半分程度の紙片に、職員が利用者との会話で印象的だったやりとりを記すことを日常の業務に課していました。私が提案したものではなく、職員提案によって始めたものです。ときには褒められ、ときには叱責されるなど、館長席からは見えない日々の出来事が逐次報告されました。こうした声を積もれば山になります。議会等の答弁にも使える「図書館の評価」として活用もしていました。

客観的な数値も大切ですが、日常の利用者からの声こそが本来の評価なのではないでしょうか。

27. 予算

――財政サイドとの多様な交渉戦術を

予算折衝は館長の専任事項

予算折衝はまさに館長の専任事項です。地方自治体によっては、組織上、生涯学習課等の下部組織に位置づけられ、直接、財政担当課や財政担当部長と交渉する機会のない館長もいます。しかし、その場合であっても、直属の上司の課長との予算折衝は、日常業務とは違った面での館長の力の見せどころです。

私は、鹿嶋市と塩尻市の二つの地方自治体で、管理職として予算折衝に臨みました。人口は7万人弱の同規模のまちですが、庁内の仕組みは違います。「うちのまちではこんな査定のシステムはないよ」となると、読者が読んでも意味がないので、予算要求に関しての館長の心構え的なものを述べます。

まず、予算は要求するものであると同時に、外部から持ってくるものであるということです。役所の他の部署と同様に、図書館も外部から持ってこられる補助金やモノ（書籍・読書推進用備品等）

があります。これを積極的に申請してください。例え申請が通らなくても、「外貨」を稼ぐ努力をしている姿勢が大切なのです。図書館定番の補助金もあれば、何とか工夫を凝らせば、図書館でも対象となるものもあります。

また、申請の母体として、市民を中心とした組織をつくることで、図書館活動を協働で行う契機ともなり、新たなネットワークづくりともなります。結果も大切ですが、取り組む姿勢はもっと重要です。

図書館は、年間を通じて、図書購入費に充ててほしい、と篤志家（団体）から寄附金をいただくことの多いところです。地方自治体によっては基金として積立をしているところもあります。いずれにしても、寄附金のない部署から見ればうらやましい限りで、こうした行為を民間紙等で周知してもらっていると、財政サイドからは好印象を持たれることになります。

他市町村のデータも細かく収集し、交渉・説明用に加工しておくことも大事です。他市町村との差異を主張できるのが図書館サービスの特徴であるので、これを最大限に活かしてみてください。

図書館サービスの使命を伝える

このように、単に「図書館は資料費が○○○○万円必要だ」と力説しても、査定者自身が図書館を使ったことがないので、何を言っても響かない、と図書館員の不満をよく聞きます。図書館のへビーユーザーは役所の職員である、という言葉は今まで一度も聞いたことがありません。むしろ、役所の職員がほとんど使ってくれない、とはよく耳にします。短時間の交渉で図書館サービスのイロハを説くわけにもいかないので、逼迫した財政を十分に理解している姿勢、他市町村との比較、そして、さまざまな実績を伝えることで、限られた予算を勝ち取るしかありません。

一方、図書館費は、街路灯、ガードレール、学校備品等のように、区長（行政連絡員）や各種団体を通じて、地域住民の要望として、環境改善や予算獲得の要求が上がってきません。各課の要求額が枠内予算を超えてしまった場合、図書館の備品購入費（中身の多くは図書購入費）は、その額が大きいことから格好の餌食となります。少しくらい減らしても運営に支障がないだろう、と考えられやすいものです。一方、図書費に次いで高額な図書館システム委託料は、債務負担行為として認められているので手がつけられません。そのため、図書館の枝ではなく幹である図書購入費に厳しい予算査定がされるのです。

図書館の仕事は予算が減っても仕事量は減りません。過年度の積み残しの仕事は膨大にあり、多分、それは終わることのない仕事量です。図書購入費が減ると、新刊書の棚が見劣りしてきます。利用者はそれを徐々に察知し、いつの間にか利用者は減っていきます。そうなってしまっては、例え次年度に予算が増えても、利用者を取り戻すことは至難の業です。そして、利用者が減れば、図書館員のモチベーションも下がることになります。負のスパイラルとなってしまいます。

図書館サービスの精神性を失わない組織をつくる

そこで、大切なことは、仮に予算が削減され、利用者が減っても、図書館がしなければならないサービスが山ほどあることをスタッフに訴え、士気が下がらないよう努めることです。また、利用が減ったことを理由にスタッフの人員が減らされないよう、図書館サービスの使命と、図書館の仕事について、首長はじめ、市の幹部職員に十分に知っておいてもらうことが肝要です。

図書館の地域資料一つ採っても、内容細目をきちんと書誌整備しているところはどれだけあるでしょうか。日常業務に追われ、こうしたきわめて重要な仕事がおざなりになっているのが全国の実態です。仮に、予算の減少に応じ利用者が減ってしまったとしたら、こうしたたくさんの図書館の仕事があることを主張し、人員の削減にストップをかけるのも館長の仕事です。

予算を取ってくることも大切ですが、行政全体を考えれば、図書館だけ予算が通ればいいというものではありません。仮に要求額が満たされなかったとしても、図書館サービスの精神性を失わない組織をつくることがいちばん大切なことです。そのためには、平素から図書館員である前に、行政職員であることの意識づけを徹底しておくことが大切です。

28. 補助金

図書館長の腕の見せどころ

外部資金の活用は図書館のイメージアップに

図書館サービスは、独自の歳入予算が少ないことからも積極的に補助金や交付金の活用が望まれます。それは、単に自主財源不足を補うためということだけではありません。補助金要望の条件によっては、あらたな市民との協働組織をつくり、図書館に新たな息吹を注ぐことにもなります。また、逼迫した財政事情を忖度し、図書館がポジティブに財源集めをしているというイメージを財政当局にアピールする手段ともなります。

交付金は国の施策であり、図書館の整備が目的であっても、ストレートに図書館に届くとはいえません。財政部局の考え方で使途を振り分けることも少なくありません。こういう時に、財政課と強い信頼関係があるか否かで、数百万円が図書館に来るか来ないかの分かれ道となります。また、日頃から図書館の実情を伝えておくことで、図書館に振り分けてくれる可能性が高くなることも確かです。要は、財政課とのパイプをいかにつくっておくかです。

一方、補助金・助成金（以下、補助金と言う）は、一定の行政目的を達成するために、国や地方公共団体が公共団体・市民団体などに交付するものです。交付申請にあたって細かな条件のクリアが必要なため、首長、議会、財政部局に対して、図書館をアピールする絶好の機会ともなります。

工夫次第で補助金は獲得できる

補助金には、「図書館」という文字がないものもありますが、計画次第では図書館で使えるものも少なくありません。先方から、図書館にストレートに来ない情報が多いので、都道府県の地域振興担当課やインターネットなどもまめにチェックしておくことが必要です。

子ども文庫助成事業（公益財団法人伊藤忠記念財団）、子どもゆめ基金（独立行政法人国立青少年教育振興機構）、コミュニティ助成事業（一般財団法人自治総合センター）などはよく知られているものです。これらは、図書館でもよく利用されています。図書館が事業主体となるもの、図書館が市民等に働きかけて事業主体をつくり事業展開するもの、図書館が既存の市民団体等の活動を支援するものなど、補助金の活用はさまざまです。

このほかにも、都道府県において整備された助成制度を活用するなど、図書館において活用できる補助金はたくさんあります。まずは、助成要項をかたっぱしから集めて、少しでも外部資源を手に入れることも館長の館長たる腕の見せどころです。

また、補助金とは別に、国の支援を受けて図書館事業を展開するものとして国の委託事業があります。一例を挙げれば、文科省の「地域の図書館サービス充実支援事業」がそれです。委託事業は、補助金と違い、国の事務や事業を他の機関に委託して行わせる場合に給付されるものです。国に代わり受託機関が実施するもので、あくまで事業主体は国になります。しかし、委託事業の趣旨が、自治体が新規に取り組もうとする事業と合致するならば、有効な外部資金として活用することが望まれます。

29. 寄附

——図書館評価の一指標

図書館職員の奉仕精神

図書館は、歳出予算は大きいものの、一方、歳入はきわめて少なく、図書館勤務の経験の浅い人は、どうしてそこまで、一利用者のために「無料でやってあげるの」と、感じる人も多いのではないでしょうか。

著作権法第31条による図書館における資料の複製にしても、現在は、セルフで利用者が機器を操作して複写しているところが大半ですが、コピーサービスの主体は図書館です。要は、何かあったら責任は複写資料を作成した個人ではなく、図書館にあるということです。だから、複写申請書を書いてもらい、機器の操作に関しては申請者に「お願い」しているのです。「私は機器の操作は苦手。だから図書館職員にやってほしい」と言われれば、図書館職員が複製作業をするのは当然のことなのです。いや、本来はそうしなければならないのです。

難解なレファレンスともなれば、数人がかりで数時間、ときには数日取り組むこともあります。

図書館に異動になったばかりの職員が、こうした献身的なサービスに受益者負担はないのか、と感じられても不思議でもありません。

厳しいローテーションのため、他の職員にバトンタッチできず、食べずに終わった店屋物の麺類。予約していた医院への診察予約取り消しの電話。会議資料作成に充てる時間がなくなり、口頭説明に終始した会議。私自身の経験でも枚挙に遑がないほどあります。図書館員でカウンターに立った人であれば、このような経験は誰もが持っているのではないでしょうか。

感謝の気持ちが寄附行為につながる場合も

こうした徹底した献身的な行為（公共サービス従事者は当然の行為）が、相手方に好感を与え、図書購入費に充ててほしい、と図書館（長）宛てに匿名・実名で図書券が送られてくることがあります。なかには、対応した職員個人に感謝の気持ちを伝えたい、と菓子折りなどが届くのも図書館では日常茶飯事です。

私は基本的に相手方の気持ちに何らかの個人的便益を求めようとする意図が見えなければ、謝意は真摯に受け取るようにしていました。部下にも、相手方に下心がなければ、受け取るに相当しない高額なものでなければ気持ちに応えるように指導してきました。事実、私もたくさんのものをいただきました。珍しいものでは、私の講演を聞いた参加者から、講演中、指示棒がなくて大変そうだったからと、後日、長短二本の木製の手作りの指示棒をいただいたことがあります。

もちろん、現金、図書券のような有価証券は、正規の事務処理をし、証拠書類を整理し、必要があれば情報開示請求に応えられるようにしておくことは当然です。また、自治体によって、差異はあると思いますが、一定額以上の寄附となると、市の歳入として補正予算に計上し、図書費の歳出に同額を計上するのは言うまでもありません。

また、定期、不定期で、市内の各種団体から寄附も受けます。寄附を受けたらとにかく広報すること。そうしたことが、相手への敬意であるし、寄附行為を募る意味での広報ともなります。

帯広市立図書館では、個人からいただいた寄附金を図書購入基金に積み立てをするなど、毎年、相当額の寄附金をいただくところとして知られています。図書館サービスの効果としてそれをPRすることで、さらなる効果を生んでいます。

予算がないので寄附をお願いします、ではなく、優れた図書館サービスが寄附金を呼び込むという発想と評価はすばらしいと思います。

一方、現物の寄附として、ほとんどの日常的に受け入れているのが図書の寄贈です。稀覯本から、旬のベストセラーまで、こちらは日々持ち込まれます。また、個人で届けられる冊数ではないので、自宅や会社等に必要かどうか見に来てほしい、と連絡を受け見に行くことも多いかと思います。この受け入れも、図書館によって、積極的なところと、原則受け入れないところとあるようです。

資料の価値云々ではなく、寄附行為である以上、証拠書類は正確に行うことが大事です。あまりに量が膨大だと、その書類作りに忙殺されて、その処理行為に充てた時間を考えると、人件費の方が高くついてしまう場合もあります。寄贈を受けない図書館は、その行為に係る手間暇を勘案すると受けない方が良いと判断しているのではないかと思います。

塩尻でも、すべて受け入れることは慎重に検討するよう、担当には指示していました。特にいただいたものの、装備して所蔵登録する可能性のない資料は、リサイクルにまわし、他の利用者の元に移すという方法はあるにせよ、いただいた本の整理作業は相当な時間を要します。他の業務との優先順位を考慮し、おろそかになる業務が発生しそうな場合は、丁重にお断りすることも必要かと思います。

篤志行為にきちんと応えるルールづくりを

また、特定の作家、ジャンルに関して、寄附者個人の嗜好が読み取れる著作の寄贈の受け入れも注意が必要です。リクエストならば、購入の検討というチェックが入りますが、寄贈ですと、ただでもらえるということもあり、野放図に所蔵登録していると、コレクションの偏りが顕在化することになります。図書館はあらゆる資料をバランスよくコレクションすることが使命です。特定の著者の本が、あるジャンルの総出版点数の中で上位の点数にないにもかかわらず、図書館での所蔵点数は突出しているというのは好ましくありません。所蔵・閲覧に供されることを強く求める寄附行為だとしたら、受け入れたのになぜ書架に並ばないのか、と詰問されることにもなりかねません。所蔵登録の可否は図書館長の判断です。トラブルにならないように、いただく際に、その旨を伝えることが肝要です。最初から、所蔵登録されないとわかっていたら、他の図書館に寄贈すれば良かった、と言われても仕方ありません。

こういうことがあるので、証拠書類を明確にしておくことが大切であると先に述べたのです。所蔵されないまま、書庫のどこかに眠っているなら返してほしい、と言われたとき、どこにあるかわかりません、とは口にできません。図書館でいただいた本だから、あとはどうしようと図書館の勝手、と言えるものではありません。図書館にとって、装備を急がない一冊で、決して価値のあるものでなくても、相手方にとっては思い出の一冊かもしれません。寄附行為という篤志行為は、図書館への思いがあってのものです。その思いを軽率な行為で取り返しのつかないことにならないよう、ルールを明確にすることが必要です。

また、絵画などの芸術作品の寄附の申し出もあります。各自治体の寄附採納事務取扱規程に基づき、処理するのは当然のこととして、施設との調和、施設サービスとの関連性を十分に検討し、当該備品が最も輝く場所の選定が必要です。

30. 広報

――ホームページとの効率的な使い分けを

最もポピュラーな広報媒体

図書館の広報紙は、大半の図書館で取り組まれている最もポピュラーなPR活動です。イベント案内、新着書紹介、利用サービスの変更等の周知など、月1回のペースで発行されている図書館が多いようです。

塩尻の図書館では、私が就任した2007年4月の時点で広報紙は休止状態でした。紙の広報紙がホームページの速報性に及ばないとは言え、広報紙は図書館にとって不可欠な広報媒体であることを、あらためて職員と議論し復刊しました。復刊した最初の号では、私自身が似顔絵を描いて、館長の挨拶文を掲載しました。

編集は正規職員が望ましいとは思いますが、正規職員が極端に少ない環境にあったことから、メインの編集者は嘱託職員を充てました。私も副館長も、共に市役所で広報紙の編集をした経験があり、二人のうちどちらかがつくることは容易でしたが、職員の動機づけとなることを期待し、編集に関心のある嘱託職員に任せました。

その後、児童の広報、ヤングアダルトの広報と、広報紙は増え、現在は３紙の広報紙を発行しています。各紙の編集担当はすべて嘱託職員で、児童、ヤングアダルトの２紙は、職員からの提案で創刊したものです。広報紙を全く発行していなかった図書館が、４年後には３紙を発行するまでになったのです。

平成24年度からは、書店と図書館のコラボレーション事業として、市内に本店を置く書店の店員さんのお薦め本のレビューと、図書館員お薦めの本をまとめた「Book Fan Newsletter」を図書館が発行しています。全国的にも珍しい取り組みではないかと思います。

広報編集好きな職員のモチベーションにも

どんな仕事にも得手不得手はありますが、広報紙の編集ほど、好き嫌いがはっきりするものはありません。同じ文章を書く仕事でも、通知文等の公文書とは違い、広報紙は、その表現の自由度からセンスが求められます。編集担当を命じられたら、二の足を踏む職員も多いのではないかと思います。しかし、好き嫌いがはっきりしているということは、好きな職員にしてみたら、任せられた喜びは大きいと思います。広報紙編集は図書館の基幹業務なので、何が何でも正規職員がやるものだという固定概念があり、積極的な広報活動ができない図書館があるとしたら、思い切って、非正規職員に任せてみてはいかがでしょうか。誰がつくろうと、発行責任者は館長なのですから。

卑近な例ですが、私は鹿嶋市役所の人事課時代、職員報を創刊したことがあります。注意したのは、私の独りよがりな仕事にならないよう、担当が代わっても誰でもつくれる紙面を心がけ、文章もできるだけ個性を出さないよう努めたつもりでした。しかし、結果としては、私が異動した途端、廃刊となってしまった苦い失敗談があります。この失敗があったので、図書館においては、自ら筆を執ることを控えました。

広報紙を出していない図書館の館長に、どうして出さないのかと聞けば、現状の業務でスタッフは手一杯。そんな余裕はないし、つくれるスタッフもいない、と答えが返ってきます。

広報紙に限らず、想定もしていなかった新しい仕事が舞い込めば、スタッフに忌避されるのは当然のことです。ましてや、広報紙の発行が図書館長の上司である部長等の命だったとしたら、余計な仕事を引き受けた、と館長の弱腰をスタッフから批判されるのが落ちでしょう。それは、強制された「余計な仕事」という意識がスタッフにあるからで、新しい仕事を自分たちで創造すると思えば、事情は違ってくるのではないでしょうか。他の図書館の広報紙を見るたびに、こういう広報紙が自分の図書館でもつくれたらな、と思っている職員はいるものです。でも、自分から「広報紙を創刊したい」などと言い出せません。そういう職員の潜在的なニーズを引き出すのも館長の仕事です。普段のコミュニケーションがうまくとれていれば、スタッフの趣味や嗜好はある程度、把握できるはずです。

図書館の広報紙と言えば、定番は「新着図書」案内です。この新着図書で気になるのが、新聞や雑誌等で取り上げられている本を紹介しているものが多いことです。ベストセラーから専門書まで幅広く収集するのが図書館。紹介するならば、読者が知らない、市内の書店では見かけないような本を紹介してほしいものです。図書館が東野圭吾や宮部みゆきの新刊を紹介せずとも、読者はとっくにそれらの情報を入手しているはずです。

次の定番記事は、イベント等の報告ですが、読者は新聞折り込みチラシと同じで、何かお得な情報がないかを探しているのです。スーパーの特売日はいつだろうかと注視しているように、向こう数か月にどんなイベントが予定されているのか、新たなサービスがあるのか等を読者は求めています。図書館の広報紙は、イベントの開催等の利用者に有益な情報と、臨時休館やインターネットの蔵書検索の一時停止など、利用者に迷惑をかけてしまうような情報を優先すべきです。時折、先月行われたイベントの大きな記事の片隅に、臨時休館日のお知らせが小さな囲み記事で掲載されているようなレイアウトの広報を手にすることがあります。編集者にとって、大きなイベントの報告は何が何でも掲載したいニュースだと思いますが、紙媒体の情報紙しかない時代ではありません。写真をメインに伝えたいのなら、ホームページ等で伝えた方が効果的です。もちろん、誰もが等しくメディアにアクセスできるわけではありません。その点の配慮は必要ですが、臨時休館という情報が小さな囲み記事という扱いはいかがなものか、と思います。

ホームページの活用

ホームページは、図書館が独自のフォームでできればいいのですが、最近はどこの自治体も個性を出さない（出せない）編集が多いようです。鹿嶋市の図書館時代は、役所の中で、いち早く図書館は独自のホームページを立ち上げました。しかし、情報担当課が後からやってきて、フォームの統一という考え方を示してきて、味気ないものになってしまった経験があります。

図書館のホームページは、そのコンテンツは百花繚乱です。内容を満載しようとすればするほど、お目当ての情報にアクセスし難くなるというのが難題です。たくさん情報がアップされているわりには、肝心の図書館の電話番号や休館日が見つけにくいものも少なくありません。

図書館のホームページを見て感じるのは、実は「図書館サービスは見えても、図書館が見えない」というものです。建物がいつ建設されたのか、延床面積はどのくらいあるのか、日本図書館協会や文部科学省が調査の対象とするような調査項目が、ホームページから見つけられないのです。都道府県立図書館のホームページから域内の公共図書館の概要は把握できるところが多いとはいえ、一般の利用者で、都道府県立図書館のホームページに県内の図書館概況がアップされていることを知っている人はほとんどいないと思います。せめて、調査対象の項目は、関係機関が必要であると判断し統計を取っているわけですから、ぜひアップしてほしいと思います。

また、「図書館の世界」を知らせることも必要です。文部科学省、日本図書館協会、その他、図書館・出版関係機関のホームページにはリンクを張って、図書館の世界の玄関になってほしいと思います。

図書館は情報を発信するだけではなく、媒介する機関でもあるのです。また、近年は、フェイスブック、ツイッターといったソーシャルネットワークサービスを取り入れる図書館が増えてきました。

図書館としては取り組みたくても、役所の情報政策担当課の許可が下りないためにできないというところも多いかと思います。だとしたら、まずは個人で、自分が所属する図書館のPRをするくらいの実践はしてほしいと思います。そうした行為が、情報政策担当課へのアピールになるかもしれません。

31. プレスリリース

――行政広報紙と民間紙の効果的利用を

外部の広報媒体の活用

図書館サービスの永遠の課題は、どうすれば、一人でも多くの人に図書館サービスを伝えられるか、ではないでしょうか。そのために、さまざまな手段で不断に宣伝に努めていると思いますが、なかなか伝わっていない、という実感を持つ図書館員が多いのではないかと思います。

宣伝は、大別すれば、図書館員が自ら企画し編集するものと、図書館以外の部署や外部機関が代わりにやってくれるものとがあります。前者は言うまでもなく、ホームページや広報紙、または各種イベント等であり、後者は、自治体の行政広報紙、新聞等です。

私は、茨城県と長野県の二つの地方自治体に勤務した経験を通じ、行政とプレスとの関係の差異を実感しました。それは、茨城県最大の地方紙である『茨城新聞』のシェア（発行部数／世帯数）は約10％。一方、長野県の『信濃毎日新聞』は約60％と雲泥の差があることを知ったことです。このことは、全県域ではなく、一定地域を発行エリアとした地域紙を生む土壌ともなり、長野県では数多くの地域紙が発行されています。社団法人長野県新聞協会加盟の新聞社は12社を数え、各地域での活発な活動が行われています。

地方紙の最大の売りは、地域に密着した話題の提供であり、行政サービスも重要な取材対象となります。当然、それだけの需要があるから供給されるわけで、特に身近な行政である市役所・町村役場への住民の関心は非常に高いものがあります。

全国紙に比べ地方紙のシェアが小さいのは、茨城県に限ったことではありません。東京をはじめ、首都圏と言われる、神奈川、千葉、埼玉にも共通していますし、関西では、大阪、滋賀、奈良、和歌山でも同様の傾向が見られます。これらの地域は、就労場所と居住地が必ずしも一致していない住民が多く、住んでいる自治体サービスや、地域コミュニティへの関心の薄いことが共通して挙げられます。

地方と都市の違い

先述した一部の都府県を除き、全国紙に比べ地方紙のシェアが大きい県は、市役所や町役場の情報が地域の大きな関心事となっているといえます。私が塩尻の館長を務めていた5年間、主要な地方紙3紙と全国紙から何十回も取材を受けました。鹿嶋市時代は、全くと言っていいほど取材を受けたことがなかったので、塩尻市で働きはじめた当初は、「○○新聞の□□ですが」と、電話があるたびに、何か不祥事が起きたかか、とドキッとしたものでした。

塩尻では新館建設・開館というタイムリーな話題があったことは確かですが、取材の大半は、日常的に提供しているさまざまな図書館サービスをPRするものでした。

地方紙は、役所の管理職や担当者のマスコミの使い方の巧拙や積極さが紙面に表れやすいものです。一年間全く紙面を飾らない課もあれば、頻繁に活字になる課もあります。よほどの世間の関心事と思えるニュースソースでもなければ、マスコミ各社から集中的に取材の申し込みはありません。新聞に載る記事の多くはリリースしたものです。関係者にとっては何ら特別なことではなくても、関係者以外の人にとって、新聞を読んで初めて知ったといわれるものは数限りなくあります。こういったことを、インパクトのある惹句で新聞社に不断にリリースしました。図書館サービスを広く伝えることも図書館長の大切な仕事です。

図書館サービスは、まだまだ十分に市民に知られていません。市民の半分が図書館を利用したことがない、と思ってください。ということは、図書館の基本的なサービスの一つひとつがマスコミにとって新鮮なネタなのです。

私は、大きなイベントは各社一斉にプレスリリースを流しました。日常の図書館サービスに若干特色を持たせた塩尻オリジナルなものは、図書館の取材に積極的な記者を選別して、個別に流したりもしました。記事となるか否かはあくまで新聞社の裁量ですから、ニュースソースは十分に吟味して提供したつもりです。何でもいいから記事にしてくれというのは好ましい姿勢ではありません。取材に見合う内容でなければならないのはいうまでもありません。その甲斐あって、個別に流したもののうち9割は取材記事となって紙面を飾りました。

マスコミの取材となると、どうしても責任者である館長のコメントを求められることが多いと思います。館長が責任あるコメントを語るのは仕方ありません。しかし、私の顔写真の掲載は可能な限りお断りしました。その代わりに職員の写真を載せることに努めました。正直言えば、私の命令に職員は嫌々応じていましたが、本館職員の正規・非正規関係なく半分位の職員が紙面を飾りました。このことは、職員も共に図書館を経営しているというのだという意識の共有に役立ったと思っています。

スタッフ全員が図書館の「顔」

私はある程度任せられると思う職員には、マスコミ対応は任せるようにしました。なぜなら、実際の取材時の説明が必ずしも正確に活字になるとは限らないからです。これはマスコミが誤報を流す、と指摘するものではありません。限られた紙面は、取材に答えた内容が網羅されるわけではありません。むしろ載るのは僅か一部に過ぎません。そのことを意識して、記事の優先順位を念頭に置いて話さなければなりませんし、関連している内容は、片方だけ取り上げて書かれては困ると言うことなど、経験を積んでほしいからです。取材記事を見て、思っても見ない記事になっていて顔面蒼白という経験を持つ自治体職員は少なくないはずです。それは、記者に伝えた自分の説明が不十分であった証左とも言えなくはありません。新聞に載った館長のコメントが真意を語っていない、と不満を覚える職員は多いはずです。自分が取材を受ければ、それが実感としてわかることになります。

時おり、その図書館には館長以外の職員はいないのかと思うくらい、頻繁にマスコミに出る館長がいます。しかし、マスコミに取り上げられるのは館長だけという職員の認識ができてしまうのは良いとは思えません。館長が広告塔であることは確かですが、図書館長は常にスタッフを育成するという姿勢が必要です。それには、経験ということが大きな意味を持ちます。

私自身、若い時から上司に代わりマスコミ対応をしてきました。取材記事が紙面を飾ることは大きなモチベーションになりました。上司が私を育ててくれた、と思います。

32. 広告事業

――ポジティブな発想を忘れずに

イメージの刷新に有効

公共サービスが広告事業で収益を得ることは珍しいことではなくなりました。財政が逼迫しているから民間資金を導入するという理由もあれば、イメージの刷新を目的に民間活力の導入を目論む場合もあります。

地方自治体の広告事業として最も知られているのは、ホームページのバナー広告でしょう。むしろ、この広告がない方が珍しいくらいです。

図書館においても、貸出レシートへの広告掲載や地元商店街のクーポン印刷、図書館の印刷物への広告掲載、足拭き用マットへの広告掲載、移動図書館車の車体広告、雑誌スポンサー制度、蔵書検索一覧画面からオンライン書店にリンクを張るアフィリエイト広告など多種多様です。

特に近年、増えてきている雑誌スポンサー制度は、マスコミが緊縮財政下の窮余の策とばかりに記事にすることが多いせいか、ネガティブなイメージを抱かれやすいものです。しかし、広告自体はポジティブな行為ですから、利用者にとっても「情報」が増える訳で、私はもっと戦略性をもって展開すべきだと思います。

広告活動は発想の転換で

例えば、クルマ雑誌は書店では大きく書架を占有しているジャンルです。しかし、一言でクルマ雑誌と言っても、新車専門もあれば中古車専門もありますし、中古車でもヴィンテージ車専門もあります。また、日本車専門から外車専門と分かれ、車種でも、高級車、トラック、軽自動車、ワゴン車、スポーツカー、バス等に分かれます。ほかにも、自動車工学、クルマ文化的な編集のものまで百花繚乱。しかし、図書館で購入するのは、雑誌購入予算と購入分野のバランスを勘案すれば、クルマ雑誌は1誌から2誌程度。利用者からすれば、その嗜好に合わない確率の方が高いのです。

鹿嶋では、私が図書館に勤務していた時、雑誌の寄託制度を採用していました。個人が定期購読している雑誌を読み終わったら、図書館が寄託資料として預かり、所蔵資料と同様に扱い、保管するというものです。ただし、汚損・破損、紛失等の責任は一切負わないことを伝えて受け入れました。正確には図書館の資料ではないので、複写の対象とはなりませんが、絵画や鑑賞樹木の寄託と同じ発想で、本を預かるというものです。要は、市民が図書館をマイライブラリーにするという発想の転換です。予算が減ったから広告を募るという言い方ではなく、戦略的に広告を導入するというイメージで取り組んでほしいものです。

33. 出版文化

図書館の役割の再認識を

図書館は無料貸本屋なのか

2000〜2003年にかけて、『文藝春秋』『現代』等の一般誌も含めて、図書館が「無料貸本屋」と激しく揶揄されたことがありました。批判の中身は、書店が平積みしている旬のベストセラー本を図書館が複本で揃え利用者に提供しているのは、作家をはじめ、出版社、取次、書店のいわゆる出版業界に多大なダメージを与えているというバッシングでした。

日本書籍出版協会と日本図書館協会は、実態を把握すべく、公共図書館貸出実態調査を2003年に実施しました。その結果、批判されているほどベストセラー本の複本購入の実態はないとし、事実認識に齟齬があるとの結論を出しました。しかし、一方で、個人読者というよりも、図書館が主なる市場となってしかるべき毎日出版文化賞、芸術選奨、サントリー学芸賞等、非エンターテインメント系の専門書の受け皿になっていない実態も明らかになりました。

出版業界からの批判に対して、図書館界からは、その裏づけが科学的ではないことを論じたものもありました。しかし、決定的な結論を導き出すことはなく、いまだに、その課題は燻っています。図書館としては、「図書館員の倫理綱領」で、出版文化を守るのが図書館の役割と言及しつつも、この点について、発展的な議論の展開がないまま、今に至っています。

図書館の選書は、「図書館の自由に関する宣言」等の文言をどう解釈し、自館の選書方針を決めていくかであります。主張の違う相手を反駁する是非論ではなく、出版文化や、地域の書店の経営を視野に入れた資料購入のあり方等、公共サービスの意義をベースにした選書方法の議論をすべきであると思います。

図書館活動が活発なまちは、書店経営も堅調であるとの言説もありますが、日販経営相談センターの『出版物販売額の実態』(年刊)を見る限りでは、その証明はされていません。図書館が増え、そして貸出冊数が増える。それに反比例して、まちの書店が消えていく、というグラフは、さまざまな要因があり、短絡的な解釈は避けるべきですが、図書館員は他人事と看過してはならないと思います。また、書店だけでなく、出版社も静かに消えていっています。

図書館員が出版文化を守る矜持とは

近年、全国の図書館を見て歩いたり、インターネットで蔵書検索したりしていると、図書館が収集する書籍が、書店とあまり変わらなくなっているように思えてなりません。また、本に比べ、CDやDVD等の視聴覚資料の棚が多くの利用者で賑っている光景も良く見かけます。地域のさまざまな事情があって、図書館のコレクションづくりが行われていることを否定するものではありませんが、出版文化を守る公共サービス機関としての矜持が書架から感じられない図書館もあります。

塩尻の図書館では、「信州しおじり　本の寺子屋」と称し、地元の書店組合、県出版協会、地元系の新聞社、テレビ局などの後援を得て、地域の出版文化を考えることを趣旨に掲げ事業を行っています。河出書房新社で『文藝』の編集長をされていた方をコーディネーターとし、多角的な仕掛けで老若男女に出版文化を考える機会を提供しています。決して巨費を投じたものではありません し、難しい内容でもありません。イベントの舞台を支える精神的支柱に「出版文化」という文字をペイントしたことで、職員の意識改革、参加者にはパンフレット等を通じて、この四文字が伝われば、という仕掛けです。しかし、全国の図書館のイベントで、この出版文化という文字を見つけることはほとんどありません。

塩尻は筑摩書房の創業者である古田晁の出生地ということもあり、古田晁記念館文学サロンと称した出版文化を考えるイベントを年に一回開催しています。商業主義に走ることなく、ひたすら良書の普及に努めた古田晁の矜持を継承しています。

地方から出版文化を考える

本の寺子屋は、鳥取県米子市に本店を置く今井書店が１９９５年に始めた「本の学校」が原点です。この本の学校は、今井書店グループ１２０周年の記念事業として、地域の人々の生涯学習と出版業界人の研修の場として設立されたものです。この地方の一書店がドイツを模して始めたメセナの精神を塩尻で継承しようとしたのが塩尻の本の寺子屋です。私は修士課程の研究テーマが「出版流通と公共図書館」であったことから、今井書店の活動は鹿嶋市の図書館時代から関心を持っていました。そこにたまたま、先述した方が塩尻の図書館を訪ねてきてくれたことが契機となり、地方から出版文化を考える塩尻版「本の学校」構想が急浮上しました。

書籍を生産し、流通させ、読者の元に届けるのが出版業界の各プレーヤーです。図書館の取り扱う最大のアイテムは書籍です。となれば、図書館はそれを他人事と傍観している立場にありません。積極的にその世界に入り、同じフィールドで共に日本の出版文化を考えるパートナーにならなければならないと思います。

しかし、日本で唯一の出版関係紙『新文化』を収集する図書館は僅少です。『出版ニュース』『出版月報』等の逐次刊行物も十分には所蔵されていないのが現状です。また、参考図書として当然所蔵されるべき『出版指標年報』も大半の図書館に置いてありません。利用者がこのような資料を求める時、図書館には置いてあるはず、という期待を抱かせる資料ではないでしょうか。こうした意識が図書館職員に乏しいことは否めません。

図書館が一定の安定した市場となれば、優れた出版物が生まれやすい環境ができます。そして、図書館が責任を持って収集・閲覧・保存することで、国民の「知的財産」となる好循環が生まれるのです。

市場に大きな販路が期待できない本は、いくら内容が素晴らしいものでも、少部数とならざるをえません。となれば、当然、価格に転嫁されます。その本が個人の読者に買われていくことは良いことではありますが、個人に買われた本は、個人宅の書架に並ぶだけで、公衆の目にふれません。それが永年または長期間の保存に値する本であったのなら、なおさら図書館が購入すべきではないでしょうか。貸出の利用があるかないかではなく、図書館としての使命があるのではないでしょうか。そういう選書を心がけてほしいものです。

34. 学校図書館

――共に成長するパートナーとして

直接手の出せない連携機関

学校図書館と公共図書館との連携は、図書館法や学校図書館法でもうたわれています。しかし、学校図書館を所管する教育委員会の所管課と図書館が庁内で連携がとれていなければどうにもなりません。大半の自治体では、学校図書館は図書館長が直接手を出せるところではありません。

学校図書館と言っても、人（学校司書）を配置している自治体と、人を配置していない自治体があり、同じ土俵で語れない実態があります。これほど、自治体に政策の違いが見られる図書館サービスはありません。学校図書館は、学校図書館法に規定された必置の施設ですが、日常的に図書館にいる職員（学校司書）の配置は、法的に定められておらず、図書館サービスの実態は自治体によってさまざまです（２０１４年3月31日現在）。

鹿嶋市では、私が図書館に勤務していた9年間は、人の配置されない、理想と相当かけ離れた学校図書館でした。何の因果か、図書館長の次の職は学校教育課長でした。学校図書館の管理・運営を所管する立場となったことで、担当職員と現場を回り、その窮状に唖然としました。そして、担当職員の熱い思いを共有でき、学校図書館の資料の電算化、人（司書）の配置、資料の充実、図書館備品の整備を市長に訴えました。市長査定の特別枠として認められ、それらが予算化され、毎年、数校ずつ計画的に整備が進み、5年後には全小学校の図書館が見違えるように変貌しました。当然、利用は急増し、魂（人）を入れれば、「箱」は確実に生き返ることを証明できました。

学校図書館の再生に熱意ある部下を持ったおかげで、私の個人的な思い入れの強い予算要求ではなく、学校教育課（当時）の意思として議会に整備計画が提案できました。新規予算が議決されたことを見届け、鹿嶋市役所を退職したので、実際には整備の指揮は一切執っていません。ただ、偶然にも、学校図書館を預かる部署の長になり、その権限を有したことで実現したものです。図書館長であったならば手の出せない、近くて遠い図書館が学校図書館なのです。

自治体によっては、人（司書）が配置されているとはいえ、自治体の予算で雇用しているのではなく、ＰＴＡが人件費を負担しているなど、運営実態はさまざまです。

塩尻は着任した時点で、すでに全校に学校司書が市の予算で雇用されていました。鹿嶋とは雲泥の差でした。ただし、担当課が毎年要求しても、現場から強く要望されている資料の電算化は、予算的に厳しいとの査定で見送られていました。

塩尻に限らず、学校図書館の課題は、要《かなめ》である学校司書の雇用と人材育成にあると思います。所管課が研修の必要性を認識して、十分な研修機会を司書に与えているかに尽きます。人を配置しても、そのスキルアップができていない自治体が少なくありません。

塩尻では、学校図書館の主管課職員と定期的に学校図書館を巡回し、情報交換をし、一人で悩まずに、何かあったら公共図書館がサポートするから、と連携の重要性を説きました。

公共図書館長は学校図書館のことをもっと学ぶべき

公共図書館と学校図書館の連携の一方策ともいえる互いの図書館の人事交流が行われているところは、それほど多くありません。交流に諸課題があれば、まずは、少なくとも両館種の職員を対象にした合同研修は行うべきです。勿論、司書教諭も同席することが望ましいと思います。

学校図書館司書の人事管理（雇用や研修）を公共図書館が行っている自治体もあります。塩尻市では2013年から市立図書館の所管となりました。

学校図書館法の改正に関し、学校司書（専ら学校図書館の職務に従事する職員）の法制化の動きがあります。ただし、法律が整備されたとしても、決して恵まれているとはいえない学校司書の雇用条件や図書館の資料費や施設の改善が図れなければ、どうしようもありません。まずは、学校図書館を所管する部署と連携を密にし、館長として、学校図書館の重要性を所管する課長に不断に伝えてください。学校図書館の予算を握っている教育委員会の所管課長は、学校図書館について驚くほど知らないのです。所管する課長の勉強不足と言うのではなく、館長が公共と学校図書館の世界を不断に教えるべきです。それが連携の第一歩です。

35. 他機関との連携

――図書館の市場開拓を

図書館の存在を知らしめる

図書館の仕事は役所の他部署に比べ異質な内容と思われがちです。しかし、それは専門的職員と言われる司書が配置されているくらいで、まちづくり、人づくりという行政のミッションを遂行する機関であることに何ら変わりはありません。むしろ、図書館は「情報」だけではなく、広範なネットワークを持つ行政最大の拠点と言えなくもありません。また、情報の発信だけではなく、媒介する施設としても大きな役割があります。

地方自治体職員による直営館では週に一回の休館日というのが一般的ですが、指定管理者による経営の場合、月に一回程度しか休館日を設けない図書館もあります。地方自治体の行政機関で最も市民に開放されているのが図書館ではないでしょうか。

塩尻市は、隣接の松本市にキャンパスのある信州大学と包括協定を結んでいました。そのため、信州大学付属図書館の資料の返却先として市立図書館が協力する等、さまざまな事業連携をしていました。

図書館が最も密接な関係を持つべき相手は、やはり役所内の他部署でしょう。単に図書館が他部署を支援するというものではなく、パートナーとして対等の関係であるべきだと思います。図書館が庁内各課の役立つ資料を提供するだけでなく、各課が展開している諸施策を市民に周知する場所として役立つところであることをもっとPRすべきです。例えば、観光物産などは、図書館において積極的にPRすべきです。

役所の本庁は、通常は週末休みですが、大半の図書館は週末も開館しています。この点をアピールすれば、「場」としての図書館は大きな広告塔ともなりえます。しかも、図書館の利用者は必ずしも役所全般の理解者とは言えない場合もあります。市役所に置いてあるチラシには目を向けないものの、図書館のチラシ棚にあれば手に取る市民も少なくありません。周知したいと思えば、本庁よりも図書館の方が開館時間は長く、開館日も多いのですから、本庁よりも広告効果は高いと言えます。ましてや、若者向けの広告・広報等は圧倒的に図書館の方が利用者層から考えて有効かと思います。

行政支援サービスと併せ、場所としての図書館の利点を本庁職員に理解してもらうことが必要ではないでしょうか。

民間の文化活動等も積極的にサポート

役所や類縁機関との連携は当然のことですが、図書館の存在をもっとPRするには、民間が行う講演会等を図書館がサポートすることも有効です。例えば青年会議所が著名な作家を招いて市内で講演会を予定している場合、市民はそれが行政の主催だろうが民間の主催だろうが関係なく情報をインプットしています。しかし、紙媒体としては、ポスター、チラシしか宣伝媒体のない青年会議所にとって、周知は大変な苦労を伴います。しかし、図書館がその作家をテーマブックス等で取り上げ、著書をPRしてあげたら、青年会議所はどれだけ助かるでしょうか。また、図書館にとっても、その作家に関する資料を活発に利用していただけるチャンスでもあります。

市内に映画館があれば、上映中の作品の原作本や監督のDVD作品を館内に展示することも有効です。市内で行われるさまざまなイベントを、図書館が上手に資料案内等で活かせれば、資料の利用率は上がるし、図書館の「利用価値」がもっと理解されると思います。まさしく相乗効果です。これは、あえて異業種とのコラボレーションという大袈裟な構えではなく、図書館のリソースを活かす日常的な戦術として取り組めるものです。

私は現在、「FMかしま」というコミュニティFMで、毎週30分（再放送も含めれば1時間）の定期番組のパーソナリティを務めています。図書館と本と音楽を語るラジオ番組です。きわめて狭いエリアの受信範囲ではありますが、インターネットを介せば世界中で受信できるきわめて優れたメディアです。全国にはかなりの数のコミュニティFMがあります。このメディアも使える手段です。単なるガチガチの文章棒読みの行政広報ではなく、もっと柔らかな発想で図書館がＰＲできないものでしょうか。

図書館にとって、最大のパートナーは言うまでもなく市民です。市民と言えば、ボランティアの項でも触れましたが、いろいろな団体があります。その辺の連携は、むしろ公民館等が先んじています。公民館では芸術祭と銘打って、公民館での講座等を通じて交流を深め、技術を磨いた絵画、盆栽、華道、茶道、さまざまなクラフトワーク等の作品展が行われています。同じ社会教育施設として、こういう市民の芸術活動のお披露目のステージに図書館は積極的に協力すべきです。塩尻の図書館でも華道の作品を館内に飾ったことがあります。艶やかな花のディスプレイは、図書館に美しい異空間を演出してくれます。

また、学校との連携も大切です。塩尻では、市内の小中学校はもとより、市内の高等学校の生徒も調べ学習のアウトキャンパスとして、積極的に受け入れています。一回に80人程度の学生を受け入れ、図書、雑誌、商用データベース、インターネット等のツールを使い、各自の課題解決に取り組んでもらうと同時に、図書館の使い方も学んでもらう機会にもしています。

高等学校の図書館司書の広域の会議を図書館で開催してもらい、その席に同席することで、連携を深め、図書館サービスのアピールにも努めました。高等学校の図書館職員はヤングアダルトサービスのプロです。図書館だよりの交換など、さまざまな連携が期待できます。

36. ネットワーク

――人とのつながりを仕事に活かす

あらゆる資源が活かせる施設が図書館

都道府県や都道府県内の広域ブロックで、所属長会議なるものが組織されていることが一般的です。図書館長も年に数回、全県や広域単位で館長会議なる集まりが幹事館により招集され、諸法令の改正内容の詳解、諸課題解決方策の検討等、喫緊の課題の研修や議論が行われていることと思います。

管理者に限らず、事務担当者レベルの会議もあります。法律等に則り、それを迅速かつ正確に執行する役所各課の業務に比べ、図書館は個人のアイデアや趣味も活かせる仕事です。情報を交換し合ったり、相互に助け合ったりと、人的ネットワークも、図書館は盛んな職場であるといえます。

図書館は、図書館法をはじめ、さまざまな規定がありますが、その多くは利用者を規制し排除するものではなく、利用者に負担を強いるものでもありません。かなり自由度の高いサービスです。ということは、他市町村の図書館がやっていることが、良くも悪くも教材であるということです。

特に、館長同士のネットワークは密にしておくと有効です。

塩尻では、毎年、地元のロータリークラブから児童書購入費という名目で寄附金をいただいていました。私が着任してから始まったもので、市内のホテルで行われる例会に講師として招かれ、図書館の話をさせていただきました。講演後、会員の皆さんと会食を通じ、交流も深められました。いただいた寄附金で購入した本は、一定期間、クラブからの篤志行為により購入した本であることを利用者に周知しました。

購入した本は、クラブの役員を招き、質素ですが排架式を行うことで、貸出の開始日としました。また、排架式の開催をプレスリリースすることで、マスコミ数社が当日の様子を紙面に報じてくれました。こうした地元の団体とのネットワークも大切にしてほしいものです。図書館が誠意あるPRをすることで、ネットワークは広がるものと思います。

古書店は、独自のルートにより、貴重な地域資料等のコレクション収集に協力してくれるパートナーです。特に地域資料は、その存在すらわからないものも多く、その辺の情報は、よほどのベテラン司書でもないと古書店主の足元にも及びません。出先で見たこともない地域資料に出会ったら、メモしておいて、あとで古書店に連絡して探してもらうこともできます。

相当の量の地域資料の寄贈の申し出があった個人宅には、古書店の店主と一緒に伺いました。本を選別して、貴重な本が最も喜ぶ行先が図書館なのか個人の蒐集家かなのかを検討し、寄贈者の意向も踏まえ、古書店が買い取ることで、換金できるものは少しでも寄贈者に返せるよう努めました。

こうした古書店とのネットワークもコレクションづくりに大変や役立ちます。

市民とのネットワークこそ最強の資源

また、あるイベントを主催するときに、いかに広い協力体制をとりつけるかも大切です。私は、シトロエン（フランスの自動車会社）のクルマを描くイラストレーターの今村幸治郎の絵画展を周知するために、長野県内の有名なシトロエンオーナーや整備会社等にポスターを持って訪ね歩きました。休日のプライベートな時間でしたので、十分に回れたとはいえませんが、中古車売り場に一台でもシトロエンがあれば、アポなしで店に伺いました。特殊なクルマだけに、一般の中古車販売店は扱いません。それだけに、扱う会社のオーナーは思い入れが熱く、そこから新たな会社や個人を紹介してもいただきました。これもネットワークづくりです。

そして、最大のネットワークは、市民とのネットワークづくりです。私は塩尻では外様でした。一人も知己のいないまちへの単身赴任でした。となれば、まちに出るしかありません。役所の職員は意外と地元に顔を出さない傾向があるようです。わからなくはありませんが、私がオアシスにしたバーも同様で、市役所の常連は、この店を紹介してくれた図書館のスタッフ一人きりでした。常連客として認められれば、店内の壁は一つの図書館イベントの掲示板になります。また、図書館に関するいろいろな情報収集の場所にもなります。ときに辛口の意見もいただきます。図書館を良くしていくためのありがたい応援団です。

図書館は、日常のさまざまなネットワークが仕事に活かせる職場です。国や県の下部組織として代行的な業務を遂行するものではありません。館長のネットワークにより、時にイベントを想定外の低廉な予算で実施できることもあります。また、お宝資料の入手につながることもあります。さらに、イベントを周知する最大のＰＲマンにもなってくれます。図書館長の地域活動は、どれだけ多くの図書館の理解者を得るかです。あくまで、オン・オフのけじめはつけつつも、楽しみながらネットワークづくりに努めてください。図書館は誰とでもパートナーとなれ、その知識や人脈が、サービスに活かせる施設です。

37. 自己研鑽

業務遂行能力とともに資質も問われる図書館長

図書館長に向けられた市民の期待

どこの職場でも自己研鑽は必要です。あらためて書くまでもありませんが、市民の図書館長を見る目は、他部署の管理職とは違っている、というのが私の経験則です。

例えば、役所の財政課長が自治体の財務のプロであることを求める市民はいません。衛生センターの所長に、地球規模の広範な環境行政の知識を求める市民もいないでしょう。

しかし、図書館長は違います。図書館には熱烈な図書館ファンがいます。図書館のベテラン職員以上に図書館通いをしている利用者も少なくありません。ある特定の事柄や作家の熱烈な読者であれば、図書館員が数人でかかっても、その知識は敵うものではありません。そういったファンは、多くの期待はしないものの、ある程度の期待を図書館員、さらに図書館長に寄せています。その期待とは、会話ができる程度の教養であり知識です。

「私は本を読まない」と公言する図書館長にまれに会うことがありますが、これは、市民の前では禁句です。主義や趣味ではありません。図書館長は「業務」です。仕事、しかも公務労働者である以上、業務に関する勉強は務めであり、図書館の本を読む（見る）ことも業務です。

私は、図書館長時代は、月に50冊以上の本に目を通しました。ほとんど精読はしません。そんな時間はありませんし、読書は仕事ですから、精読よりも内容を確認するような読書です。一般書だけではありません。児童書も同様です。勤務中にさっと目を通すものをあれば、借りていって自宅で頁をめくるものもあります。これ以外に、自分が購入する本（こちらは精読）が月に少なくとも5冊はありましたので、これだけでも結構大変なことです。

図書館長は、読み聞かせ等の読書推進に熱心に取り組んでいる市民と会話を交わす機会が少なくありません。当然ながら、会話の中で、日頃の読書量や傾向が相手には見えるものです。ちょっとした発言が相手を失望させかねません。間違っても「私は絵本は読まない」などと言ってはなりません。言わなくても、すでに相手にはお見通しです。でも、だからと言って口にすべきことではありません。

よく「資質が問われる」という言葉を耳にします。まさに図書館長は、資質を問われる職位であると言えます。市民は言います。「今の館長はダメだけど、前の館長さんは良かったな」と。市民にこのような言われ方をされる役所の管理職は図書館長ぐらいだと思います。仕事ができる、できないではなく、教養人としての資質を市民は見ているのだと思います。

私の実践例

最後に、私が塩尻の図書館長時代に実践していたことを参考までに挙げます。これは、平成21年に文科省、筑波大学等が主催した新任図書館長研修のレジュメに載せたものです。あくまで例示であり、強要するものでも、できるものでもありません。これまで述べてきたものをエッセンスとして書いてありますので、重複しているものが多くあることをご承知おきください(ほぼ研修用レジュメに掲載した表記どおりとしました)。

①情報は職員と共有

図書館経営は館長一人が行うものではない。不断に情報を職員に提供することで、職員全員で経営にあたる風土をつくっている。例えば、日本図書館協会のメールマガジン(週刊)の回覧、毎月の利用状況を分析した『館長速報』の回覧、図書館協議会委員には毎月『図書館協議会通信』を送付し、会議招集回数の限られた委員に、図書館の利用状況、国内の図書館の話題等の共有に努めている。

②職員との意見交換やモラールの喚起

職員との意見交換を密に行い、時には事例を示し具体的なミッションを与えることで、モラールの喚起に努めている。

③責任の付与と学習の動機づけ

全職員に担当書架を与え、出版情報、選書への関心を高めるとともに、各種サービスの改善・

向上のための小グループをつくり、学習の動機づけを図っている。

④カウンター（貸出・レファレンス共用）に出る

図書館長がカウンターに立ち利用者と接点を持つのは当然の使命である。必ず一日に1回、たとえ数分でもカウンターに立つことを心がけている。

⑤館内の巡回

一日に一回は必ず館内を見て回り、利用者の動向、書架の状況、職員の接遇等の把握に努めている。また、利用者と挨拶を交わすことも励行している。

⑥学校図書室の巡回と図書館司書との情報交換

定期的に市内の小中学校図書室を所管課の担当職員と共に巡回し、学校図書室の職員との情報交換を行い、課題等の整理をし、教育長に報告している。

⑦マスコミへの情報発信

各種イベントや図書館の話題等、不断にプレスリリースを行い、新聞を通じて、広く図書館活動の周知に努めている。

⑧首長、議会への働きかけ

首長とのヒアリングや市議会において、必要に応じて国内の図書館の状況も説明し、図書館サービスの意義を理解してもらえるよう努めている。

⑨図書館サポーターへの礼節

図書館サポーター（読み聞かせ、返本、資料装備等）への声かけや挨拶を励行し、常に礼節を欠くことのないよう努めている。

⑩ホスピタリティを尽くした図書館サービス

図書館関係の文献で不思議と巡り会わないのが「ホスピタリティ」という言葉である。来館者には「こんにちは」、貸出・返却・退館時には「ありがとうございました」と、職員全員が声をかける図書館を実践している。誰もが気持ち良く利用していただける図書館づくりが私のミッションである。

⑪地域を知る活動

図書館長として地域にとけ込み、地域を知ることは最大の使命である。手法はさまざまであるが、私は地元の文芸誌の同人として季刊誌に拙稿を投稿することで、地域の文化活動に参画したり、地域の古書店と情報を密にし、未所蔵の地域・郷土資料の入手に努めたり、各種イベントにも積極的に参加したりして、地域を知る活動に努めている。

⑫図書館活動の広告塔

図書館長は、図書館サービスの広告塔である。市内の各種団体や市内外の図書館関係機関から講演等を求められれば喜んで出向き、図書館サービスの周知に努めている。

⑬専門団体に入会し不断に情報を収集

日本図書館協会、日本図書館情報学会、日本出版学会等、５つの図書館関係の学協会に個人会員として入会し、不断に情報の収集を行っている。

⑭図書館ツアー

暇を見つけては、県内外の図書館ツアーを楽しんでいる。時には職員にも声をかけ、公務出張の予算が限られた中、少しでも学びの機会を職員にもつくろうと、一緒に図書館見学を楽しんでいる。学ぶことのない図書館は一つもない。厳しい予算の中でのささやかな工夫に学び、職員の接遇は、ときに反面教師としての学びにもなる。

⑮書店めぐり

図書館にとって出版物は最大の取扱商品である。最低でも週に2回は書店に行き、出版状況を確認し、選書の参考にしている。

⑯外部関係者との交流

公務の研修以外にも、県内の図書館職員、大学教員との交流も可能な限り研修会等への参加を通じて行っている。また、日本図書館協会からの委員の依頼にも応じ、関係者との情報交換に努めている。

⑰職員は私の誇り

時々、部下の不満を口にする館長に出会うときがある。残念なことである。野球に例えれば、館長はピッチャーである。館長補佐は頭脳を駆使したキャッチャーであり、内外野を守るのがスタッフである。一球たりともバットに触れさせない投球は無理なことであり、投げたボールのほとんどはバットにあたり返ってくるのである。そのボールの処理はすべて自分以外のスタッフにかかっている。チームメイトを信じずして野球はできない。図書館経営も同じである。

図書館との邂逅を大切に

公務員の仕事は、端的に言えばコンプライアンスです。準拠すべき法令とは、時に市民に対して法に依拠した義務の履行を求めたり、心ならずも市民の行為に規制を加えたりすることも少なくありません。法を遵守することで、市民との間に軋轢が生まれ、叱責を受けたり、苦情を受けたりすることも日常茶飯事です。むしろ、業務によっては、市民から感謝の意を告げられることの方が少ないのかもしれません。

その点、図書館は違います。幼児から高齢者まで老若男女が集い、さまざまな日々の出会いの中で、一日に何度となく感謝の言葉をかけられる仕事です。しかし、図書館は感謝される職場というのではありません。評価が直接、市民から伝えられる職場ということです。部下の言動が「館長の資質」として、良きにつけ悪しきにつけ、日々問われるのが図書館です。時に、サンタクロースに扮したり、マジシャンになったりするのも館長の仕事です。こんな職場はほかにはありません。

新任館長として図書館との邂逅を大切にして、優れた図書館員として成長されることを期待します。

番外

部下が望む理想の館長像とは

館長であるあなたが部下に対して「理想の図書館長像を教えてほしい」と尋ねることはできますか。質問者である館長の性格や日常の勤務姿勢に「ないもの」を、聞かれた部下は素直に理想を挙げるわけにはいかず、真意を曲解されて、パワハラと訴えられかねません。

私は、本著の執筆中、ずっと感じていたのは、拙稿を読まれた館長に私の思いを少しでも届けることができても、その管理職の元で働く図書館職員に、拙著が絵空事とならず、伝わるだろうか、ということでした。

幸いに、本著を執筆するにあたり、すでに上梓した2冊の拙著がベースにあります。この中で書いた館長の職責について言及した記述に、図書館員と称する読者の方々から、手紙やブログ等で、「理想の館長論」との意見をいただいていたので、その言葉を支えに書き進めてきました。しかし、脱稿間際に、本著が現場の図書館員が望む図書館長の姿と乖離していないかどうか、一抹の不安を覚え、元部下に「理想の館長像」を教えてほしいと頼みました。その回答を基に編んだのが本稿です。

一般論としての「理想の上司像」というものはよく見かけますが、理想の図書館長というのは、公的な調査項目となりえない性格をはらんでいると思います。また、その意義をどこに見出すかも意見の分かれるところだと思います。

そうしたことも踏まえて、あえてまとめたのが以下の内容です。正規職員1人、非正規職員4人の意見です。何の文献的意味もなさないのは承知していますが、しかし、これはたった5人の意見と片づけられるものでもなく、番外の項として、最後に掲載することにしました。

理想の図書館長像

・図書館が好き
・良書を選ぶ目利きを持つ
・司書資格を持つか、もしくは図書館情報学を学んでいる
・現状に満足して留まってしまうことなく、日進月歩の図書館情報学、その他について常に学ぶ姿勢を持つ
・部下の能力を見きわめると共に、潜在的な能力を見きわめる目、引き出す手腕を持つ
・理想の図書館像を明確に持ち、その実現のためには労力を惜しまず、議論を恐れない
・本が好きで物知り
・人好き

・人生を、仕事を、楽しむ事ができる
・人との縁を大切にする
・行政と図書館の間に立ち、図書館と 図書館職員を守ってくれる
・向上心と好奇心にあふれ、常にいろいろな事に対してアンテナを高く持つ
・部下の意見にも聞く耳を持ち、議論できる場を提供する
・他の図書館や他の機関にも目を向け、情報交換を惜しまない
・トラブルには率先して対処し、部下や利用者を護る盾になる覚悟を持つ
・ユーモアと遊び心があり、図書館づくりにも既成概念にとらわれない、柔軟で豊かな感性を持つ
・身だしなみにも気を配る
・時間を守り、規律を守る確固とした姿勢を持つ
・館内を歩き改善点はないか目配りする
・読み聞かせができる
・図書館の方向性を指し示す
・職員と一緒に取り組み、理解してくれる
・行政、地域、市民との関わりの中で、図書館としての役割を指導する
・クレーム等に的確に対応し、回答を導く
・間違いやクレームの経緯と対処方法を教えてくれる

・職員と考えを共有する
・言葉だけでなく、文章でも論じてくれる
・一緒に学び、考えて、実践してくれる
・図書館のいちばんの営業マン
・日本図書館協会などの個人会員
・図書館や社会教育に関する研修講師の経験を持つ
・本人の希望で館長になった
・窓口対応が好き
・組織マネジメントに取り組んでいる
・プレゼンが上手
・同業、異業種にたくさんの人脈がある
・部下の話を聞いてくれる
・司書の資格を有する
・学校図書館にも精通している
・図書館界の事情に精通している
・司書資格や図書館経験があるなしにかかわらず、図書館の機能、業務・現場に興味を持ち、全体の仕事内容、問題点を把握する努力をしてくれる

・現場の相談にものってくれる
・最終判断やクレーム対応等を、わからないという理由で現場任せにしない
・行政への説明、折衝を図書館側に立って行ってくれる
・現状維持でなく、よりよい図書館になるための示唆を与えてくれる
・可能な限り、近隣の図書館や市内の施設等とかかわりを持ち、自館だけでなく、広く地域のことを考え、つながりを持つ努力をしてくれる
・職員の資質向上を考えてくれること。また、自らの経験・知識を還元してくれる
・全職員とコミュニケーションをとれる
・知識・経験が豊富でも、講演や講座に呼ばれて、全国を飛び回っていることが多い館長でない
・ワンマン、または上司等の言いなりになる人ではない

こうして列記してみると、ほぼ、私の書いてきたことと符号しているようです。本著で言わんとしていることがここに集約されていると言っても過言ではありません。

なお、個人的に優れた研究活動をしている館長や、優れた実践をしている図書館の館長は、研修会等の講師を依頼されることが少なくありません。部下にとっては、送り出す喜びの半面、責任者として、できるだけ現場にいてほしいという思いもあり、複雑な感情が読みとれます。

II部

図書館長経験者に聞く

―実践と矜持―

図書館は人で決まります。なかでも図書館長の存在は大きなものがあります。図書館サービスにナンバーワンはなく、オンリーワンの世界です。A市で評価されても、それがB町で受け入れられるとは限りません。それぞれの館が与えられた諸条件の下、創意工夫を凝らし、図書館サービスの提供に努めています。

図書館長は、自治体の正規職員もいれば、非正規職員として就労している人もいます。また、昨今は、指定管理者として、その任にあたる館長もいます。その雇用形態はさまざまです。しかし、雇用形態に違いはあれども、館長の責務に違いはありません。私の知る優れた館長（館長経験者）を紹介します。

なお、協力していただきながら、掲載できなかった数名の館長や館長経験者がいます。返す返すも残念です。ゲラ刷りの校正段階で、上司の許可が下りなかった方々です。個々の役所の事情について私が口を挟むことはできず、素晴らしい実践を多くの読者に知ってほしかったのですが、お伝えすることができませんでした。本当に出版を楽しみにしていたのを知っていただけに、私もご本人同様に落胆しました。そういう訳で、運営形態のバランスも考慮したつもりでしたが、やや不均衡になった印象は否めません。その点、読者の方には先にお断りしておきます。

秋本　敏（元埼玉県ふじみ野市立図書館長）

秋本さんは2011年3月に図書館長を最後に、ふじみ野市を定年退職。その後、再雇用職員として、図書館に勤務している本が大好き、それ以上に、子どもから大人まで、「人」が大好きな図書館員である。

ふじみ野市の前身である上福岡市職員に採用になり退職するまで、社会教育畑一筋で、なかでも図書館の勤務が大半を占める、まさにMr.図書館である。しかし、図書館勤務の長い職員にありがちな、本の「匂い」はするが、行政職員の「臭い」のしない人ではない。図書館サービスを行政機関の一つとして見られる司書である。

退職時に館長を務めていた市立上福岡図書館（大井図書館長も兼務）は、自ら建設に携わったところで、施設も含め図書館のすべてを知り尽くしている。人好きの館長なので、すべてとは、当然、利用者も含まれる。よって、利用者を知り尽くした経営ができ、市民一人あたりの貸出冊数は県内トップレベルを誇る。しかし、貸出冊数に拘泥する図書館ではない。レファレンスデスクをつくって本人一人で対応したものの、人員配置が困難だと言う意見がありやむなく撤去。その代わりに返却カウンターの脇に「あんない」カウンターをつくるなど、レファレンス重視の経営を貫いた。

図書館外では、日本図書館協会の研修事業委員会委員長や認定司書審査会委員を務める等、日本の図書館界の枢要なポストに就き、さまざまな改革に努めている。

また、東日本大震災の被災地に足繁く通い、支援活動にあたるとともに、その窮状を研修会等で報告し、被災地への理解を深めてもらう活動も積極的に行っている。

埼玉の地元では、有志と昔ながらの農法によりコメづくりを楽しむなど、人好きゆえに、その交流範囲は図書館の世界にとどまらない。私が描く理想の図書館員の一人である。

1. 図書館経営の指揮を執るにあたり矜持としたもの

① 司書はプロであれ

専門職としての司書が図書館サービスを支え発展させていくという強い意思を持って仕事に取り組むこと。また自治体職員としても行政能力を持って仕事にあたるべきだと考えています。

② 市民の立場に立って考え行動する

①だけだととかく、専門職である自分は図書館をわかっているつもりになるが、自分たちの日常の仕事が、市民の目線からずれることもあります。そんなとき、市民にとって自分たちのサービスが役立っているのか、改善する必要があるのかを捉え返す態度が必要です。

また、市の方針が、図書館サービスを後退させるようなことがあれば、市民と共に図書館を守るために行動することも必要です。

③　現状に甘んじるな。常に改革の精神をもて

図書館は、利用者（お客様）に来ていただいてよろこんでもらえる施設です。日々を無難にこなしていってもまわっていく職場でもあります。それゆえにマンネリに陥っていくことすら気づかないことも。しかし、図書館を取り巻く状況は、厳しいものがあります。もっと質の高いサービスを実現するために、自分を変え、図書館を変革していくことが求められています。

④　職員の功績は職員に、職員の失敗の責任は館長に

職員が力を出して仕事をするには、多少の失敗はつきもの。失敗したときは、フォローし、成功した時は職員をほめ、図書館として責任を取る場合は、館長がそれを引き受けることが肝要です。

⑤　本好きは大切だが、人好きはもっと大切なこと

図書館は、本好きなら勤まると思っていては勤まりません。図書館は、接客業にきわめて近い業務です。人（利用者）ときちんと対応するには、人好き、人に興味を示すことが必要です。

2. 許せない図書館員の言動

利用者に挨拶もせずに、応対する態度。例えば「こんな本がありませんか」と質問している利用者にろくすっぽ返事をせずにキーボードをたたいて本を検索している。検索に時間がかかっても黙って画面をにらんだまま。一言、「いまお探ししていますので少々お待ちください」と応対すれば、利用者は自分の質問に職員がきちんと対応しているのがわかるのにと苦々しく思います。

3. 新任館長に勧める本

『図書館と法　図書館の諸問題への法的アプローチ』鑓水三千男　日本図書館協会　２００９年
『図書館の歩む道　ランガナタン博士の五法則に学ぶ』竹内悊　日本図書館協会　２０１０年

4. 図書館員として励行したこと

①　開館時の玄関での挨拶
②　図書館界の新しい情報を職員に提供すること
③　きちんとした身なり（服装は人となりを表します。見た目90％です）

5. 新任館長へのメッセージ

市民とさまざまなところでつながり、付き合って多くの市民と知り合いになって下さい。さまざまな知識や魅力を持った市民に出会えます。そこから図書館サービスにつながる多くのヒントがあります。一図書館人としてだけでなく、市民との多面的な関係は、仕事の上でも思わぬところで役に立ちます。

6. プロフィール

１９５１年生まれ。法政大学法学部卒。１９７４年に埼玉県上福岡市教育委員会社会教育課に入職。１９７８年に図書館へ異動。１９９２年に新館建設準備室兼務。１９９３年から社会教育課。１９９８年に再び図書館へ。以降、副館長を経て、２００８年、ふじみ野市立上福岡図書館兼大井図書館長。２０１１年３月退職。現在は図書館専門員として市立大井図書館に勤務。

熊谷雅子（多治見市図書館長）

大学では図書館情報学を専攻。しかし、卒業後に進んだのは図書館ではなく服飾業界だった。「7年間の民間企業勤務で得た接客や交渉の技術、さらにリサーチのノウハウは、現在の図書館の業務にも役立っている」と熊谷館長は言う。

熊谷館長は、民間企業を経て、1997年に現在の所属機関である公益財団法人（当時は財団法人）多治見市文化振興事業団の発足と同時に入職。最初の配属先は公民館だった。地域の人たちと一緒になって、郷土の土にこだわった陶器づくりをしたり、隣接する陶磁器関連施設と共同で講座を開いたりと、地域の文化を継承する活動に専心。仕事以外でも地元の夏まつり実行委員会の部会長を務めるなど、積極的に地域と関わってきた。

2004年に図書館に配属。これまでの民間での経験や公民館での活動を次々と図書館サービスに活かしてきた。最初に手掛けたのは、それまで死蔵していた陶磁器関連資料の特殊コレクションとしての再構築。このことで、図書館に新しい利用者層を惹きつけた。

多治見と言えば美濃焼。当初は地域資料として位置付けていたが、地域産業でもあることに着目。ものづくりの盛んな東海地域らしい、ビジネス支援の棚として現在はアピールし、先駆的事例としても全国に発信している。

また、保健センターと連携して、４ケ月健診の時間にブックスタートを行い、ブックスタートの翌日には、赤ちゃん連れで参加できるおはなし会を図書館で実施。保健センターから図書館へ来館しやすい流れを演出している。さらに、館内の絵本の棚の前にベビーベッドを置き、おはなしの部屋を授乳室として開放するなど、乳幼児健診を受診される方々の声に耳を傾け、常に利用者目線での配慮に努めている。

日本最大の図書館検索サイト「カーリル」や「NTTdocomo 東海」と連携して、２０１２年には「カーリルトライアル実証実験」「カーリルタッチ」「iコンシェル」を使ったカーリルレシピの配信を実施。全国の図書館関係者の注目を集めた。

２０１３年には、名城大学建築学科谷田研究室の学生と図書館職員で、市内の商店街の店舗の聞き取り調査を実施。多治見まちづくり株式会社と連携して「まなびの散策」という街歩きの事業も行った。この他、岐阜県立多治見病院患者図書室「ぬくた〜らいぶらり」と連携し、病院から頂いた患者向けのパンフレットを図書館内で配布したり、闘病記文庫を医療健康情報棚の横に新設したりと、市民への健康医療情報の提供も積極的に展開する。

また、美術館と連携しての展示室内でのギャラリー&ブックトーク、学校図書館整備受託事業など、交渉技術を活かした外部とのさまざまな図書館活動も行っている。

「地元密着型であらゆる団体との連携、人とのつながりを駆使し、事業団しかできない図書館運営を目指して奮闘しています」と。地域への愛情に根差した活動を行っているからこその矜持である。

〈参考〉

「カーリルタッチ」 http://calil.jp/touch/

「まなびの散策」 http://www.lib.tajimi.gifu.jp/kyodosiryositu/manabi.html

「ぬくた〜らいぶらり」 http://www.tajimi-hospital.jp/other_guide/library.html

1. 図書館経営の指揮を執るにあたり矜持としたもの

① 社会的弱者の味方であることと彼らの自立をサポートすること
② 本だけでなく、人と人、情報と人、施設と施設をつなぐ姿勢を持つこと
③ 図書館単体で考えず、他施設との連携することで提供できるサービスを広げること
④ 職員のスキルとモチベーションをアップすること
⑤ 事業団だからこそできる組織体制を活かした図書館運営をすること
⑥ 住民が多治見に住んでいる事を誇りに思えるような図書館であること

2. 許せない図書館員の言動

相手の立場によって接する態度が変わるのは、図書館職員というより人として許せません。また何をするにもまず言い訳から始めたり、できない理由を並べてばかりいる人は、自分で自分の

可能性を否定してしまう事になります。何をやるにも他人軸で物事を進めてしまう事にもなり、自分の意志で動こうとしない姿勢を残念に感じます。

3. 新任館長に勧める本

『未来をつくる図書館　ニューヨークからの報告』菅谷明子　岩波書店　２００３年
『はなぼん　わくわく演出マネジメント』花井裕一郎　文屋　２０１３年
『つながる図書館　コミュニティの核をめざす試み』猪谷千香　筑摩書房　２０１４年

4. 図書館員として励行していること

① 地元の魅力を知りそれを住民に伝える努力をすること
② 他館の図書館職員と積極的に交流し学び合うこと
③ 異業種からも積極的に情報収集する姿勢を持つこと
④ 社会人としての基本的なマナー（言葉遣い・身だしなみ・挨拶等）を身に付けること

5. 新任館長へのメッセージ

図書館はやろうと思えば何でもできるやりがいのある職場です。是非積極的にカウンターやフロア、地域に出かけて行ってたくさんのつながりの機会をつくってください。

6. プロフィール

１９６７年生まれ。民間企業退職後、１９９７年財団法人（現在は公益財団法人）多治見市文化振興事業団の発足と同時に入職。市立公民館、多治見市産業文化センター、多治見市学習館で生涯学習講座、大学公開講座等の担当を経て、2004年より多治見市図書館勤務。2012年より館長職。愛知淑徳大学文学部図書館情報学科卒。

下吹越かおる（鹿児島県指宿市立指宿図書館長）

会話を交わして、数分で意気投合するという経験は稀にある。ただし、それは男性に限ってである。しかし、筆者と視線が合い、笑みを絶やさず近づいてきた時点で、この人は気が許せる予感がした。それが下吹越館長との初対面だった。

下吹越館長は、NPO法人本と人とをつなぐ「そらまめの会」の副理事長であり、指宿市立指宿図書館の館長として既に6年のキャリアを持つ。

指宿市は、2006年1月1日に旧指宿市、山川町、開聞町の1市2町が合併し、現在の指宿市となった。現在、指宿市の図書館は、先のそらまめの会が指定管理者として受託し運営されている。もともと、そらまめの会は図書館のボランティアグループ。このグループは、「図書館を変えたい」との、公立図書館の司書からの協力要請を受け、当時、保育士だった下吹越館長の呼びかけに賛同した学校司書たちで組織された。このボランティアグループの活動は、後に語り草になるほど、市民がそれまで抱いていた図書館のイメージを一新したという。その矢先、市が図書館を指定管理者に任せるという方針を打ち出した。そこで、そらまめの会は受託者として名乗りを上げ、指宿図書館と山川図書館の管理者となった。

下吹越館長は、指宿図書館の副館長として1年務め、2年目には館長に就き、アイデアあふれる取り組みを展開。その活動は全国的にも注目される図書館となっている。既成概念に囚われないチャレンジ精神が溢れ、常に変化し続ける様は、東京ディズニーランドの発想と同じ。来館者をワクワクさせる仕掛けは、人好きの下吹越館長のキャラクターが投影したようなものといえなくもない。

下吹越館長が司書の資格を取得したのは、館長となって6年目の年。資格云々より、利用者の反応から学ぶことの方が大事。みんなに愛される居心地のいい図書館を創ろう、というメンバーの思いが結実し、「図書館はまちの宝」となった。

2013年10月、パシフィコ横浜にて行われた第15回図書館総合展。下吹越館長が所属するそらまめの会は、三日間のポスターセッションに出展した。テーマは〝Npo + Library + Smile〟。ひとことPRは「地域の温かさの中でゆっくりと過ごす図書館〝スローライブラリー〟」。このコピーからも、図書館が「してあげる」サービスではなく、市民が主体となった図書館経営が伺える。要は、かつて市民として使っていたからこそ、市民の望むものがわかるのではないか。

こうした総合展への出展をはじめ、全国を視野に活動を展開しているのも指宿市立図書館の特徴の一つ。それは観光地に立地する図書館としての戦略でもある。

指宿といえば、砂むし温泉で知られる全国屈指の観光地。駅前には足湯があり、そこに自転車に紙芝居を積み、拍子木を鳴らして現れる図書館員がいる。屋外で、足湯に浸かり、紙芝居を楽しむ。その紙芝居を演じているのも他ならぬ下吹越館長である。

1. 図書館経営の指揮を執るにあたり矜持としたもの

① 利用者目線
② そのまちに必要と認知される図書館
③ 図書館を図書館の人だけでしない、周りを巻き込む
④ いいと思ったことはとりあえずやってみる
⑤ できない理由を探さない
⑥ 始めれば終わる
⑦ 働く職員が元気でいられる職場であること
⑧ 褒めて伸ばす
⑨ 行政との共生協働、市立図書館であるという意味
⑩ あんたらはあたしが守る

2. 許せない図書館員の言動

① 自分の都合で物を言い、動かない人
② サラリーマン化した図書館職員

③　すぐ諦める人
④　歩み寄らない人

3. 新任館長に勧める本

『図書館員を志す人へ　前川恒夫講演録』純心女子短大図書館学研究室　1985年
『図書館長の仕事　「本のある広場」をつくった図書館長の実践記』ちばおさむ　日本図書館協会　2008年
『本と人をつなぐ図書館員　障害のある人赤ちゃんから高齢者まで』山内薫　読書工房　2008年
『図書館と法　図書館の諸問題への法的アプローチ』鑓水三千夫　日本図書館協会　2009年
『公立図書館の任務と目標解説　改訂版増補』日本図書館協会図書館政策特別委員会　日本図書館協会　2009年
『公立図書館の経営　補訂版』大澤正雄　日本図書館協会　2005年

4. 図書館員として励行していること

①　図書館以外の人事交流をもつこと
②　好奇心、探究心を大事にすること
③　心身ともに健康であること
④　図書館はサービス業。笑顔を欠かさないこと

⑤ 研修のアンテナを高く張る

5．新任館長へのメッセージ

館長さんは、そこの顔です。いつも笑顔で元気でいなくてはなりません。そして職員の個性を把握し、認め、育てていかなくてはなりません。常に公平な立場で職員を受け止め、伸ばす努力を惜しまないことです。地域を大切に、そして人脈を広く持ち、行政との連携を大切に（指定管理者の場合）、歩みよる気持ちを諦めないことです。図書館が常に進化してイキイキとし旬であること。地域の方々から「図書館はまちの宝だからね」と言われるような図書館になれるよう頑張ってみてください。

6．プロフィール

1962年生まれ。鹿児島短期大学児童教育学科卒業後、保育士や幼稚園教諭として勤務。図書館ボランティアなどを経て、2007年、指定管理制度の運営となった指宿市立指宿図書館副館長に就く。2008年、指宿市立指宿図書館及び山川図書館の館長を兼任。2010年以降、指宿市立指宿図書館長。2013年に司書資格取得。他に、図書館問題研究会鹿児島支部長、NPO法人本と人とをつなぐ「そらまめの会」副理事長、指宿市NPO法人等ネットワーク副会長等を務める。

著書に『私たち　図書館やっています！』（南方新社）がある。

豊田高広（愛知県田原市図書館長）

私が豊田館長に初めて会ったのは、塩尻市立図書館の館長に就いて3年ほど経った頃。ビジネス支援サービスで先駆的な取り組みを展開していた静岡県御幸町図書館に豊田館長（当時）を訪ねた時だった。

『図書館はまちの真ん中：静岡市立御幸町図書館の挑戦』（勁草書房）を読み、豊田館長の実践に感動し、御幸町図書館は、一度は訪ねなければならない図書館の一つだった。

御幸町図書館は斯界の衆目を集める図書館。その指揮を執ったのが豊田館長である。引きも切らない視察対応のご苦労も容易に推察されたが、そのようなことはおくびにも出さず、終始、柔和な表情で長時間の視察に応えてくれたのが印象に残った。このとき初めて、図書館員のホスピタリティという言葉が脳裏をかすめた、と言っても過言ではない。

静岡市立図書館は、ビジネス支援サービスや多文化サービスの拠点としての先駆的実践を評され、"Library of the Year 2007"の会場賞・優秀賞を受賞。また、豊田館長個人としては、本業とは別に、2009年に「公共図書館員のタマシイ塾」を仲間と共に立ち上げ、各地で図書館を変えるためのワークショップを開催している。2010年には、静岡市役所から愛知県田原市の図書館長に転じ、政令指定都市での実践から一転、地方都市での図書館サービスの可能性を追求し続けている。勿論、豊田館長の守備範囲は、田原市にとどまらない。先のタマシイ塾からもわかるように、熱い魂は全国に敷衍し、多くの図書館員から厚い信頼を得ている。

豊田館長とは妙な縁がある。日本図書館協会が主催するステップアップ研修1で、豊田館長が担当していた科目の後任に指名されたのが筆者である。その講義を聞いていた受講者の一人に田原市図書館の職員がいた。その縁で、2013年に田原市図書館主催の職員研修の講師に招かれた。以降、塩尻市立図書館のある塩尻市民交流センターをタマシイ塾の会場に選んでくれるなど、筆者個人と共に塩尻市との縁も深まりつつある。

先の田原市での研修会の講師として招かれた夜、豊田館長が懇親会を催してくれた。教育委員会の教育長や部長、図書館ボランティア、さらに、学校図書館の司書までも一堂に会する賑やかな懇親会となった。図書館のスタッフのみならず、市の幹部や市民にまで声をかけ、また参加してくれるという人間関係をつくっていることに畏敬の念を覚えた。さらに、何人ものスタッフから、次々とフェイスブックの友達申請があった。このような人とのつながりにスタッフが積極的なのも、全国で活躍する豊田館長の姿勢に感化されたものに違いない。

非正規職員は、雇用の不安定さから、積極的に名刺を持ってアピールする人が少ない。そうした意識を払拭するため、豊田館長は、名刺代の半額を自らが負担し、名刺をつくるよう促しているという。この話を聞いた時、現職の館長ではない自分を悔やんだ。こういう大きな度量が、類稀な組織風土をつくっているのだろう。そういえば、フェイスブックで上司である豊田館長を、「館長」ならぬ「艦長」と呼ぶスタッフがいる。まさに、全幅の信頼を得ている証左であろう。

1. 図書館経営の指揮を執るにあたり矜持としたもの

① 使命を高く掲げ、戦略的に行動する

自分がいなくなってからの図書館のこと、図書館の外の世界からみえる図書館のこと、図書館関係者でも利用者でもない第三者（ステークホルダー）のことを常に念頭におき、自らの図書館の使命や目標を考え、「戦略的」に仕事を進める。例えば、足りない資源があるとする。簡単にあきらめないで獲得する方法を考え、そのためには「政治」を厭わない。その一方で資源が入手できない場合の代替策、何とかやりくりしてやってしまう方法も考える。

② 図書館員とその組織を育てることを優先する

図書館経営にとって、資料よりも建物よりも重要な資源である図書館員とその組織を育てること、具体的には図書館の使命や目標を理解して指示ではなく支持によって自律的に仕事を進められるように育成・開発することを、最優先の仕事として位置づける。

③ 例外的事態に対応し、責任をとる

衆知を集め、委任できることはできるだけ図書館員に委任しながらも、重要な機会や脅威を察知し（悪いニュースはよいニュース以上によいニュース）、非常時には自ら現場に臨んで最終的な判断を下し、結果の責任を負うのが自分の役割と覚悟する。

④　リフレーミングする

どれほど不利な状況と思われても、見方を変えれば（臨床心理でいうところの「リフレーミング」）プラスに変えられるのではないか、と考え、閃いたらもう一手を打ってみる。図書館員にも、そういうメッセージを出し続ける。

⑤　現場に立ち続ける

私の図書館の場合、接客と選書・棚管理が二大主戦場だが、現場がわからなくなるのは致命的だと思っている。とはいえ、現場だけではできないことこそが館長に求められているのだから、バランスが難しい。

当然のことながら、どれをとっても完璧にできたと思えたことなど滅多になく、反省の日々です。

2. 許せない図書館員の言動

個々の言動を取り上げてどうこう言うことはないし、感じたことや考えたことが自由に言える職場が望ましいとも思います。「できない」「やりたくない」「つまらない」といったネガティブな発言は、個人や組織の状況、例えば士気の高さやストレスの大きさを知る重要なシグナルでもあります。ただ、ネガティブな発言の連打は組織にボディブロウのようなダメージを与えますし、その背景にある問題を明らかにするためにも、何らかの対応が必要です。また、とりわけ接客や対外交渉の場面での発言は、常にプロとしての自覚をもって選んでほしいと思います。あと、「職員としてというより社会人としてアウト！」という言動はあります。

3．新任館長に勧める本

『移動図書館ひまわり号』前川恒雄　筑摩書房　1988年

『ハーバード・ビジネス式マネジメント　最初の90日で成果を出す技術』マイケル・ワトキンス著・村井章子訳　アスペクト　2005年

『はじめての課長の教科書』酒井穣　ディスカヴァー・トゥエンティワン　2008年

4．図書館員として励行していること

① 新しい人との出会いを大切にすること

財政が厳しいなかで、あえて県外での宿泊研修などに図書館員を派遣する予算を確保しているのも、役所のいろんなプロジェクトに図書館員を出すのも、新しい人との出会いから刺激を受けてほしいからです。

② 事業の企画から報告まで経験すること

ちょっとした展示企画も成功の喜びや失敗の痛みを含め、図書館員が自分で考えて動くことができる〝自律的図書館員〟になるための大事なステップと思っています。失敗を恐れず、チャレンジせよ、館長が責任をとる、と毎年度はじめに全図書館員に伝えています。

③ 〝読みたい・知りたい〟に徹底的に応えること

代替の資料や情報が提供できないか、ということを含め、「できない」という前にどうすれ

ばできるかを考えます。広く資料についての知識を持つことの必要は言うまでもありません。あいさつ、笑顔、お客様目線ということももちろん大切ですが、図書館の場合、結局はここに行きつくように思います。

④気づいたことを徹底的にシェアすること
数値はもちろん、数値に表れない気づきや意見がいろいろありますが、それをできるだけシェアして改善に生かす仕組みに力を入れています。「スタッフの声が図書館運営の命綱」と、これも毎年度はじめに全図書館員に伝えています。

⑤同僚に対するときは市民・利用者に対するように
ベテランほど、新人を含め図書館員相互のよい関係づくりを心掛け、担当外の業務であっても助け合い、教え合うことが大切、と伝えています。

⑥わが図書館の経営、わがまちの状況、わが業界の動向に目を配ること
そのために、各種のメールマガジン、新聞・雑誌の掲載情報等の共有をあれこれ工夫しています。

5. 新任館長へのメッセージ

図書館の外から館長職に就く方にとっては、図書館は未知の世界に等しいと思います。また、もともと図書館員という方にとっても、館長になる前と後では見えてくる風景がまるで違うのではないでしょうか。どちらにしても、転職したようなものだと思えばいいのです。とりあえず「前

の職場では〜」というセリフは禁句ということにして、新しい環境、新しい風景をじっくり観察し、関係者の話をよく聞き、見よう見まねで試行錯誤してみてください。わからなかったことがわかってくる、できなかったことができるようになる、といった経験は楽しいものですし、館長にとって最重要の任務である人材育成にもその経験はとても役立ちます。

6．プロフィール

1958年、静岡県生まれ。1981年慶應義塾大学文学部卒業。同年、静岡市役所入所。教育委員会社会教育課、中央公民館等を経て、1994年、図書館に配属。2006年、計画の段階から携わった御幸町図書館の館長に就任。2010年、愛知県田原市の図書館長公募に応じて採用。同年、静岡市を退職して田原市図書館長に就任し、現在に至る。

共著に『図書館はまちの真ん中　静岡市立御幸町図書館の挑戦』（勁草書房）、『市場化の時代を生き抜く図書館　指定管理者制度による図書館経営とその評価』（時事通信社）他がある。

名倉利棟（栃木県栃木市大平図書館長）

図書館員にとって、新館建設に携わることは生涯の夢である。ましてや、その指揮にあたる責任者となれば、なおさらである。名倉館長は、その夢を叶え、さらに施設の長となり、現在は公務員ではなく、民間の指定管理者として受託館の館長を務めている。図書館を建設し、官民両方の立場で図書館長を務めた（る）全国的にも非常に稀な経験を持つ館長である。

名倉館長は、大学卒業後、地元埼玉県の吉川町役場（現在の吉川市役所）に入所。一般行政職として、福祉、教育委員会、都市計画の部署を歩き、1996年に市民参加推進室に異動。ここで、複合施設開設準備担当となり、図書館開設準備から開館までの4年間、図書館に携わり、最後の1年は館長を務めた。司書資格は、図書館建設担当の翌年に司書講習で取得した。しかし、名倉館長は、一般行政職としての採用。他の役所の例に漏れず、仕事（図書館開館）を遂行すれば、一般行政職として、退職まで各部署を巡るのが宿命。一般行政職にとって、大学の専攻や資格は全く関係ないのである。

その後、生涯学習課、国体推進課、税務課と部署は変わり、2005年、定年前に役所を辞した。翌年、株式会社図書館流通センターに入社し、早速、北区中央図書館に配属。図書館に復帰を果たした。入社後2年目からは、館長として栃木県大平町立図書館（現栃木市大平図書館）に勤務している。まさに「図書館人生」である。

「吉川市役所で図書館の入る複合施設「市民交流センターおあしす」の開設準備を担当したことが「運命の分かれ道」。この時に「迷宮」の中に足を踏み入れてしまった」と、その始まりを語る。

大平図書館は、栃木県内の公共図書館で初の指定管理者の導入館。否が応でも注目を浴びる。議会や市民の不安視する声も聞こえたに違いない。当時の心境を「お金儲けを目的にする民間企業であっても、それだけではない。当然、一定の利益を確保しなければ会社は潰れてしまう。すると、今雇用しているスタッフが路頭に迷うことになる。図書館法に定められた図書館奉仕の具現化と、会社が存続できるための一定の利潤の確保の均衡を図るためには、何をすべきか。それを、日々来館する一人ひとりの利用者との触れ合いの中で、模索していくしかないと思いました。」と語る。

館長就任後は、次々と改革を実行した。年間開館日の33日増加、貸出冊数制限の解除、レファレンス室へのスタッフの常駐、地域の人材を生かした事業の開催など、枚挙に遑がない。就任1年目にして、入館者数は15・7％増、貸出冊数は26・1％増、貸出人数は22・5％増と結果を出した。

大平図書館では、国内の図書館では珍しいオリジナルの図書館バッグ「BIG・BOOK・BAG」の販売をしている。スタッフの中でMMP（メイキング・マネー・プロジェクト＝金儲け計画）の仲間を結成し、バッグは自分たちでデザインした。こうした実践は地方自治体の直営館では難しいかもしれない。

書架には大きな文字で本の所在を示すサインが目立つ。書架に近づかないと視認できない小文字のサインは利用者の立場にない。遠くからでも視認できてこそサインである。あたりまえのことだが、なかなかそうはなっていないのが実態。名倉館長は、フレキシブルにそういう疑問に答えを出している。そういえば、筆者が訪問した時、「日本の神様 大集合」のテーマブックスを展示していた。その展示は館内に入ったらすぐに目に留まった。紙製の大きな朱色の鳥居が、本の周囲につくられていたからだ。こういう仕掛けができる図書館で働く図書館員はきっと楽しいに違いない。

1. 図書館経営の指揮を執るにあたり矜持としたもの

館長としての資質に欠けていると思うのですが、どういう訳か「指揮を執る」という気持ちが湧いてこないんです。

率先していることは、「力仕事」と「工作」です。天井の蛍光灯の球切れ交換、主催事業時の机やいす運びなどの会場づくり、各種の手作りサインやペンキ塗り等などです（2年前から若い男性スタッフが仲間に加わったので、これらの仕事もなくなりそう！）。

強いて言えば、「それぞれのスタッフがやりがいを持って、日々仕事をしてもらうには、どうしたらよいか」ということを考えながら仕事をしています。

2. 許せない図書館員の言動

① 閉館前に閉めるな！

② 閉館と同時にも閉めるな！

③ 閉館のチャイムが鳴り終わったら玄関の外に出て、急いで来るお客様がいないか確認し、その後、閉館しろ！

3. 新任館長に勧める本

『移動図書館ひまわり号』前川恒雄　筑摩書房　1988年

『図書館づくり奮戦記』山本宣親　日外アソシエーツ　1996年

『図書館員として何ができるのか　私の求めた図書館づくり』西田博志　教育史料出版会　1997年

4. 図書館員として励行していること

毎日（が理想だが、なかなかそうもいかない）できるだけ多く、開館のチャイムとともに「おはようございます！」と元気よく、入館してきたお客様に挨拶することです。

5. 新任館長へのメッセージ

① 役所の人事異動で図書館に来た館長さんへ

図書館に（気持ちだけでも）骨を埋めるつもりで、内野安彦さんのいう「ラビリンス」の世界に足を踏み込んでいただけたら、こんな嬉しいことはありません。

② 指定管理者として館長になった方へ

直営館と同じことをやっていたのでは、指定管理者が管理・運営する公共図書館としての発展はありません。直営館では「やりたくてもできなかったこと」をやるところに、私たちの進むべき道があると思っています。

6. プロフィール

1952年、埼玉県出身。国学院大学法学部卒業。1975年吉川町役場（現吉川市役所）に奉職。福祉課（学童保育指導員）、教育委員会（少年センター・社会教育課・中央公民館）、児童館、都市計画課（開発指導係）を経て、1996年4月から市民参加推進室（複合施設開設準備担当）へ。

ここで図書館開設準備から開館まで4年間携わる。その後、教育委員会（生涯学習課・国体推進課）、税務課（収納対策担当）を経て、2005年に退職。2006年に株式会社図書館流通センター入社。2007年4月から指定管理者として大平町立図書館（現栃木市大平図書館）に勤務し現在に至る。

船見康之（茨城県潮来市立図書館長）

潮来市は、潮来町が牛堀町を編入し2001年に市制を施行した人口30000人の小さなまちである。両町とも図書館は設けておらず、2006年に旧牛堀第一小学校の校舎を改築し、初めて図書館を持ったまちである。

図書館を経営しているのは、シダックス大新東ヒューマンサービス株式会社。茨城県内で初めて指定管理者により経営された図書館である。開館当初は、業務の一部受託であったが、2010年度から指定管理となった。

この館を指揮するのは、船見館長である。34歳という若さは、図書館長の一般的なイメージからはかけ離れていて、いかにも新しいことを模索している感じが好ましい。

この館の特徴をいくつか挙げると、まず、ホームページを独自で制作し、外部Webサービスを取り込んでいること、他機関との連携により起業経営相談・就職相談を開催するなど、ビジネス支援サービスに積極的に取り組んでいること、子ども司書講座や読書ノート配布による読書推進の取り組み、鹿島アントラーズコーナー、図書館観光交流事業等、地域振興を意識した図書館の姿勢である。『これからの図書館像』の具現化をしっかりと射程に見据えた堅実さが感じられる。

船見館長は、革新的なサービスで知られる茨城県結城市立ゆうき図書館で勤務した経験もあり、「Webは本とか雑誌といったものと同列で、要は媒体の種類でしかありません。そのため、一概にWebは正しいとか信憑性がないとか言えるものでもありません。それら個々のコンテンツをしっかり評価し、情報仲介者としての立場を司書が担う必要があります。つまり、書から得られるものだけが司書の仕事ではないという認識でサービスを提供しなければならない」と、Webの外部情報資源をどう図書館が活用するかについて、情報ナビゲーターとしての図書館の役割について、熱く語ってくれた。

1. 図書館経営の指揮を執るにあたり矜持としたもの

① 地域に果たす図書館の使命・役割の明確化と実行

場としての図書館の価値を高めること。公共図書館が必要だと多くの人に思ってもらうには、無料で本が借りられる場だというだけでは、遠からず行き詰まります。本と人だけでなく、本を介して人と人もつなぐことができる、そんな可能性のある場に図書館が発展するのも、地域の情報拠点として存在感を発揮できるひとつの方向性ではないかと思います。

② 図書館の使命、役割を達成するために必要な人材、資源、予算の戦略的確保と計画的な配分をすること

〈人材について〉

決められたマニュアルどおりな応対に徹するよりも、困った人が気軽に聞ける空気感や、求めているものを臨機応変に察知する感受性、文献や参考資料に関する知識の高さが必要であり、書架や書庫を這い回り、利用者の課題解決につながる情報を提供できる司書でありたいし、そんな仲間を育てたいと考えています。

〈資源について〉

利用者の資料要求に応えられない時ほど、司書の専門性が試されます。「ありません」でおしまいではなく、求められた資料は本や雑誌に書かれたことならなおさら、とにかく草の根を分けてでも探し出し、取り寄せるなり、所蔵機関を紹介するなり、調べものの何か手がかりだけでも提供したい。

③ スタッフのモチベーションの向上（スタッフの活動する環境整備）

館長が単独で判断するのではなく、スタッフ間（特に提案者）と協議を重ねていくことが重要であると思います。また、自身が発案したことがサービスとして具現化できることはモチベーションの向上にもつながりますし、具現化するために調査・知識の習得をするため、経験値

の向上にも今後新たなサービスへの発展性も見込めると考えています。

2. 許せない図書館員の言動

与えられた職責だけ果たすこと。または、それを許してしまう職場環境。

3. 新任館長に勧める本

『図書館長の仕事』ちばおさむ　日本図書館協会　２００８年
『リーダーになる人に知っておいてほしいこと』松下幸之助／述　ＰＨＰ研究所　２００９年
『はなぼん　わくわく演出マネジメント』花井裕一郎　文屋　２０１３年
図書館業界誌　各種

4. 図書館員として励行していること

①　恒常的な情報の収集とスタッフへの情報提供
②　社会に対する関心（図書館業界だけでなく、あらゆるニュースをチェック）
③　人材交流
④　全国の図書館および図書館職員との積極的な情報交流（人対人のネットワーク）
⑤　研修への積極的な参加（自分だけでなく、役職関係なく参加を促す）
⑥　レファレンスサービスの徹底

5. 新任館長へのメッセージ

予算がない、人がいない……であきらめずに、できることからやるという考えと、いまある資源を活用した提供を実現するためにありとあらゆることを考え、そのために必要な情報収集（例えば、自己学習、他図書館の事例やキーマンとの積極的な交流）をするということを軸に業務をすることができれば良いのではないだろうかと思います。

6．プロフィール

１９７９年生まれ。茨城県結城市出身。日本大学生産工学部卒。茨城県結城市立ゆうき図書館（２００４〜２００６）を経て、シダックス大新東ヒューマンサービス株式会社（２００６〜）に入社。潮来市立図書館に勤務し、２０１０年より館長職。

棟田聖子（長野県松川村図書館長）

長野県は、県庁所在地で人口38万人を抱える長野市から人口が千人に満たない村まで、地方自治体の姿もさまざまで、図書館の設置率は、町立で56％、村立で54％と、町立はほぼ全国並みで、村立は全国平均を大きく上回っている。図書館が設置されていても、教育長が館長を兼務している自治体もあり、図書館数は全国平均を上回るものの、その数値が実態を正確に表しているとは言えないところもある。

非正規職員が館長を務める自治体も珍しくなく、棟田館長も非正規職員の館長である。村の図書館の歴史は浅く、２００９年に開館した複合施設の中に誕生したばかり。前身は、学校図書館の司書。柔和な物腰から「元図書館の先生」であったことがうかがい知れる。私が館長を務めた塩尻市の新館と開館年が一緒の「同級生」である。

近年各地の図書館で盛んになってきた「ぬいぐるみの図書館おとまり会」を開館2年目より開催しており、いかにも館長が仕掛けたイベントとして毎回好評である。

また、学校図書館員だった経験を活かし、毎月、小中学校の司書と情報交換会を実施。中学校図書委員の生徒が薦める本のコーナーを館内に常設したり、不適応児童・生徒の受け入れをしたりし、地域に根付いた図書館サービスを展開している。

村内にある安曇野ちひろ美術館との連携も積極的に行っている。月に2回、美術館でのおはなし会には、館長が語り手として参加。美術館の原画展示に併せて図書館内に特設コーナーを設置するほか、共催での講演会開催、児童・生徒の美術館での活動支援など、児童・生徒を引き付けるさまざまな活動を行っている。

毎年、11月を「読書月間」とし、一か月を通して行うイベントは、期間の長さを活かした試みで、木の葉の形をしたカードに利用者が紹介したい本を記入し、そのカードを大きな木のイラストに貼り付けて「読書の木」をつくるなど、毎回、ユニークな内容で館内を賑わしている。

その他、家庭にある壊れた本を預かって修理する「本の病院」など、小さな村ならではのアットホームな図書館を経営している。

1. 図書館経営の指揮を執るにあたり矜持としたもの

① 村民のワークショップを経て開館した図書館の初代館長として、何よりも利用者側に立った運営を目指したいと考えました。モットーは「より利用しやすく、居心地良く、温かく」です。

② 「館長」というよりも、自分のこれまでの司書経験を活かして常に現場に関わりたいと思いました（カウンター業務、児童サービス、館内装飾など）。

2. 許せない図書館員の言動

図書館はサービス業なので、そこで働く者は何につけても「できません」「わかりません」と言ってはいけないと思います。公共の施設ではあるのでもちろんできないことはありますが、それをお伝えする際にも決して〝上から目線〟にならないように、もちろん〝笑顔〟で〝相手の立場に立って〟。

3. 新任館長に勧める本

『サンタクロースの部屋　子どもと本をめぐって』松岡享子　こぐま社　1978年
『としょかんライオン』ケビン・ホークス絵　ミシェル・ヌードセン作　福本友美子訳　岩崎書店　2007年
『モモ』ミヒャエル・エンデ作　大島かおり訳　岩波書店　1976年

4. 図書館員として励行していること

① ２にも書きましたが、図書館はサービス業なので常に笑顔で。利用者さんのお顔は頑張って覚えるようにしています。

② 常にアンテナを高くして、本や図書館に関するいろいろな情報を見逃さないように心がけています。おもしろいと思ったことは真似させていただいています。

③ 図書館員の大事な仕事の一つが児童サービスだと思っているので、読み聞かせやおはなし会を機会があるごとに実践しています。

④ 「男性長寿日本一の村」として認知される松川村の図書館員として、利用者さんの生き甲斐となるような生涯読書の推進の手段をいつも考えています。

5. 新任館長へのメッセージ

できればカウンター業務を普通にこなせる館長さんであってほしいです。良い図書館の条件は何よりも「人」だと思うので。

6. プロフィール

１９６１年生まれ。長野県出身。花園大学文学部卒業。１９８４～１９８８年松川村立松川中学校図書館勤務。出産・育児を経て２００１年から公民館図書室、小学校図書館、中学校図書館に勤務。２００９年４月より新設松川村図書館長として勤務し現在に至る。

吉田真弓（前北海道帯広市図書館長）

現在は帯広大谷短期大学で教鞭を執る吉田さんは、文部科学省と筑波大学が主催して行われた新任図書館長研修で、平成21年から24年の4年間連続で事例発表を行ってきたことからも伺えるように、さまざまな改革を実践した館長である。

人事管理の面では、職員のモラールを大切にし、カウンターサービスをする嘱託職員と臨時職員のエプロンの色を変え、嘱託職員のエプンは正規職員と同色にすることで、責任感や仕事への意欲の向上を図ったり、各種展示コーナーへ展示した資料の活用状況を毎月報告させ、利用の多寡による課題認識を持たせたりと、職員の意識改革にも積極的に取り組んだ。

また、庁内各課、地域の諸機関との連携も積極的に行っている。書店と共催しての講演会の開催、大学と連携しての調べ方講座等の開催、商工会議所・市役所商業課等との連携による経営革新講座の開催、市役所農政課等との連携による食育フェスティバルの開催、歯科医師会・保健所等との連携による講演会等、その他、博物館、動物園、裁判所等、とにかく挙げたらきりがないほど、市内にある諸機関・団体等とパートナーシップを結び、コラボ事業を展開していたことは出色である。共催・連携事業は、図書館からの片思いではかなわぬもの、吉田さんの日頃の活動と仁徳のなせる業であった。

吉田さんは「攻める図書館」「行動する図書館」を矜持に図書館を経営された。この矜持を自信を持って口にできる図書館長はそう多くはいない。

きわめてアクティブであるが、唯我独尊にならず、細心の注意を払い、常に職員が楽しんで仕事をしているか気遣うことも忘れない。アクティブに動き回る館長はつい忘れがちな姿勢である。

「えほん記念日」という取り組みがある。小学生未満の子どもが図書に親しんでいる写真を公募し、カレンダーにしてプレゼントする内容である。応募作品は作品展にて広く市民に楽しんでももらっている。この事業を初めて聞いたときには、心底、図書館ってやっぱりすごいな、と感動したことを覚えている。

この図書館の何と言っても白眉は、図書館と言う存在をシンボライズしたことである。寄附金（現金、図書・物件等）だけでも、2008年度は1092万円相当、2009年度は381万円相当、2010年度は5277万円、2011年度は220万円等を数えた。いかに、図書館が市民に愛され、信頼される施設になっているかの証である。

1．図書館経営の指揮を執るにあたり矜持としたもの

①「頼られるうちが華だと思え」と言われた言葉を守り、よほどのことがない限り、頼られたことには精一杯応えることに努めてきたつもりです。長年の図書館経験で培った知・友人は行

政職の方たちから見ればかなり異質のようですが、私にとっては、この人達の存在そのものが、その努力の証しであり、図書館サービスをする上での礎となっていました。

② 人と情報・人と人が交流することにより、新たな発見や感動が生まれる。それは、街づくりのエネルギーにもなる。図書館はそんな「場」の創造ができる公共施設だと思っています。

2. 許せない図書館員の言動

① 利用者や市民に対して上から目線の言動をする職員。

② 公立図書館の職員の給与は税金です。市民の立場になって考えた時、自分が支払っている税金がこの職員の給与の一部になっていると思うと、納税を拒否したくなるような仕事しかできない職員。

3. 新任館長に勧める本

「図書館の自由に関する宣言」と「公立図書館の任務と目標」は必須。それ以外は幅広いジャンルの読書に努めること。絵本を含め、どの本からも学ぶべき事がたくさんあります。

4. 図書館員として励行したこと

① 館長として

開館前の時間に展示を含め、利用者の目にふれるところを確認する。始業一時間前に出勤し、特に図書館関係書類をじっくり読む。

② 図書館員として

何事にも好奇心旺盛であること。市民から学ぶ、他から学ぶことを意識しています。

5. 新任館長へのメッセージ

① 一館でも多くの図書館を見ること。どんな小さな図書館でも、良きにつけ悪しきにつけ発見はあります。

② 書店、デパートなどから展示方法を学ぶこと。彼らは売るためにさまざまな工夫をしています。どんなに品揃えが良くても、展示が下手では売れない（利用されない）。図書館資料は利用されるためのもの。

③ 自館の職員にはまだまだ成長の余地があると信じてあげること。

6. プロフィール

1952年 北海道出身。北海道武蔵女子短期大学卒業。1973年に帯広市役所入所。図書館、市民年金係、資産税課土地係を経て、2006年より図書館長。2013年3月定年退職。「歌人中城ふみ子研究」を短歌同人誌に連載中。2013年4月より帯広大谷短期大学にて教鞭を執る。

III部

図書館長の資質と責務

―公的資料や成書にみる人物像―

この章は前の二つの章とは趣が異なります。Ⅰ部では、私の実践を基に、私の考える望ましい館長の「姿勢」を示しました。Ⅱ部では、斯界の多くの知己の中から、館長経験者を含め、性別、地域、雇用形態等を加味して、図書館員としての「矜持」を述べてもらいました。

Ⅰ・Ⅱ部に共通するのは、個人の考えを述べたものです。当然、この考え方は納得がいかない、というものもあるでしょう。また、これは、自分の置かれている環境ではとうてい実践できない、と諦めざるをえないものもあると思います。

そこで、Ⅲ部では、筆者の考えではなく、法律や公的な文書を始め、斯界の先達が、館長の「責務や資質」にどのように言及しているか、その一部を紹介したいと思います。

なお、本稿は、私が講師を務めた文部科学省と筑波大学が主催した新任図書館長研修のレジュメを基にしています。

図書館長の任務（法律・報告等から）

■図書館法

館長は、館務を掌理し、所属職員を監督して、図書館奉仕の機能の達成に努めなければならない。

（第13条第2項）

役所の一介の管理職員に過ぎない図書館長が、法律でその責務がうたわれていること自体、きわめて象徴的なことです。「努めなければならない」とあるのですから、在任期間中、その職責を全うすることが望まれます。公務員または会社員として、公共サービスを担う人にはあたりまえのことではありますが、そのことが、法律に明記してあることを肝に銘じてほしいものです。

■「これからの図書館像～地域を支える情報拠点をめざして（報告）」

図書館を社会環境の変化に合わせて改革するためには、図書館の改革をリードし、図書館経営の中心を担う図書館長の役割が重要であり、今後ますますその重要性が高まると考えられる。

図書館長は、社会や地域の中で図書館が持つ意義や果たすべき役割を十分認識し、その実現に向けて職員を統括し、迅速な意思決定を行うことが必要である。

特に、地方公共団体の首長・行政部局や議会に対して、図書館の役割や意義を理解してもらうよう積極的に働きかけを行うことが必要である。また、図書館職員に対しては、社会のニーズや行政の施策を理解させることによって、それらと図書館サービスの関わりを見出し、結びつけることができるよう配慮すべきである。

教育委員会は、図書館長がこれらの役割を果たすため、実質的に図書館長としての業務を行える勤務体制と権限を確保し、同時に図書館経営について継続的に研修を受けられるように配慮する必要がある。

（2006年3月　これからの図書館の在り方検討協力者会議）

この400字足らずの文章に、図書館長の責務がすべて詰まっています。大切なことは、「改革」という文字が2回も出てくることです。「改革」という言葉は、民間ではよく使われますが、地方自治体ではあまり耳慣れない言葉です。こうした言葉が使われる背景には、少なくともこれまで、図書館が正しく理解されてこなかったことが言えると思います。

図書館サービスが社会に十分に浸透していない、と感じている図書館員は少なくないはずです。しかも、それは一番身近な仲間である役所（役場）の中で、日常的に感じているのではないでしょうか。

「図書館は暇な職場」「図書館長は一日中、新聞を読んでいられるから楽な仕事」「図書館職員は、ただカウンターに立って、資料にバーコードリーダーを当てているだけの仕事」「難しい本なんて読む市民はいないのだから、ベストセラーをたくさん置けばいい」等、図書館（員）を揶揄する言葉を庁内で何度も耳にしているのではないでしょうか。いや、もしかしたら、自分も館長に就くまでは、そう思っていた、という人もいるものと思います。

こうした背景があるからこそ、逐一「必要である」と末尾が結ばれているのです。「必要である」とは、ある程度満たされていれば使用されません。これまでの取り組みや姿勢が極めて不十分であることを言及しているものです。ぜひ、前例踏襲にとらわれず、改革に取り組んでほしいものです。

■「公立図書館の任務と目標」

館長は、公立図書館の基本的任務を自覚し、住民へのサービスを身をもって示し、職員の意見をくみあげるとともに、職員を指導してその資質・能力・モラールの向上に努める。

このため、館長は専任の経験豊かな専門職でなければならない。

（1989年1月 確定公表 2004年3月改訂 日本図書館協会図書館政策特別委員会）

一般論としての管理職員の姿勢を説いたものですが、大事なのは「公立図書館の基本的任務を自覚し」にあります。「基本的任務」とは何でしょうか。この任務を学習することなしに、図書館について持論を説く館長に出会うことが時折あります。

館長は新しい施策を次々と展開し、マスコミはこぞってそれを取り上げ、市民も「図書館が変わった」と評価をします。しかし、職員のモラールは向上するどころか、失墜させていることもあるのです。これは、スタッフとの共通の理解を得ずに、館長の独善的な考えを職員に強いているからではないでしょうか。「私の考える図書館像」を語る前に、「これからの図書館像」などの諸報告をまずは熟読してください。

大切なことは、基本に忠実に遂行することです。独自の考えは、その後、じっくり職員と論議して展開してください。

■「図書館職員の研修の充実方策について（報告）」

管理職は、社会や地域の中で図書館が持つ意義や役割を十分認識し、その実現に向けて職員を統括し、迅速な意思決定を行うことが必要である。また、地方公共団体の行政部局や議会に対して、図書館の役割や意義を理解してもらうよう積極的に働きかけを行うことも必要である。（2008年6月　これからの図書館の在り方検討協力者会議）

先述した「これからの図書館像〜地域を支える情報拠点をめざして（報告）」に同様のことが述べられています。それだけ極めて重要な文言であるかを理解してください。

図書館長として求められるもの

●図書館長は学校長以上の厳しい職責を負っている

社会教育法第9条には、図書館と博物館を「社会教育のための機関」とすることが明記されている。教育機関の長ということから言えば、小中高の校長に相当する役目を、図書館長は、図書館の現場において負っているのである。学校と違って生徒はいないが、納税者である住民を、直接的に利用者として抱え込んでいる点では、ある意味で学校長以上の厳しい職責を負っている。（竹内紀吉「図書館長論」『図書館経営論の視座』日外アソシエーツ、1994、165ページ（論集・図書館学

研究の歩み　第13集〉）

館長の資質・責務について言及したものはたくさんあります。しかし、学校長と比較した言説は、これ以外に筆者は知りません。きわめて記憶に残る文章です。竹内氏は、千葉県立図書館から浦安市立図書館に移り、全国の耳目を集める図書館サービスを展開した伝説の館長であった方です。図書館員は「利用者」とは日常的に言いますが、「納税者」という表現はめったに使いません。この意識の差が役所の本庁職員との齟齬を生んでいるとも言えますし、図書館の「改革」を望む声にもなっているのではないでしょうか。その意味では、竹内氏の「納税者」という表現は注目に値するものと思っています。利用者を納税者と表現できる感覚は、長く図書館に勤務していると忘れがちなものです。

そして、学校長に優るとも劣らない存在であると、その職責を鼓舞し戒めている点は、図書館長の矜持に相応しいものと思います。

●館長の意欲や姿勢が図書館を変える

館長さんの姿勢、これを職員はよく見ております。館長さんの積極的な意欲や姿勢があるかないかが、職員に響いてくるのではないでしょうか。館長の姿勢と意欲のあるわずかな職員で図書館は大きく変わります。（朝比奈豪、岡野定漢水、梅沢幸平「図書館経営と館長の職務〈シンポジウム〉」『知の銀河系第4集』図書館情報大学、１９９９、79ページ）

私が塩尻市役所を退職した時に、60余名の職員からいただいたさまざまなメッセージの中に、職員がいかに私を見ていたかを知りました。言動、所作、そして服装、装飾物、さらには個人的な趣味の世界に至るまで、まるごと見られていたことを知りました。

私の姿勢がどこまで響いたかわかりませんが、図書館をよく知る市民から「塩尻の図書館員が変わった」という言葉をいただいたことがありました。私自身、図書館の評価でいちばん嬉しかったのは、職員の接遇や資質について、お褒めの言葉をいただいたときでした。なぜならば、図書館の3要素とは、一般的に「図書館資料20％、施設・設備5％、図書館職員75％」と言われるからです。図書館員が褒められれば75点ですから、これほど嬉しいことはありません。

卑近な話ですが、ネックレス、ネクタイ、時計、靴に至るまで、職員は見ています。それだけ館長の存在は、図書館にとって大きなものであることを自覚してください。

●図書館はすべての人に図書館奉仕という理念が必要

図書館長には、すべての人に図書館奉仕をという理念で、施設、資料、職員を活かす視点が必要です。自治体の自然や文化環境を把握し、議会での討議や、住民の要望等を調査して計画の素材とし、まちづくりに重要な核として図書館を位置づけ、地域に合った青写真を描けるようにします。（ちばおさむ『図書館長の仕事』日本図書館協会、１９９８、14ページ）

この文章で大切なことは「自治体の自然や文化環境を把握し」ということです。これを書いた、ちば氏も私と同じく出身自治体を離れ、外様館長として務められた方です。それゆえに、この言葉の意味は、私も痛感します。自分が生まれたまちや周辺地域に勤務する方は、身近な風習、景色、植生、遺跡、文化にあまり関心を寄せません。しかし、実は詳しいことを知らないことが多いのです。

図書館は、日常の利用者に占める市外在住者の割合が役所の中で最も高い施設です。なかには他県からはるばる訪れる人もいます。遠方から来る人の目的は何でしょうか。多くは地域資料の閲覧です。そして、図書館職員への質問は、そのまちに関する事柄です。遠方からの訪問者から見たら、家の造りや街路樹に至るまで、すべてが「なぜ」の対象なのです。知っているようで知らないのが身近なまちの知識です。まずは、勤務するまちの史誌の精読は必須業務と思ってください。

もちろん、机上の勉強だけではいけません。積極的にまちに出て、まちの不思議や歴史を体験的に学ぶことが必要です。このまちに生まれて数十年と豪語しても、いかに知らないことが多いか、地域資料に目を通し、地域を歩けば、すぐに気づかされるはずです。

●精神論的館長像

1. 図書館長は、常に辞表を懐にして事に当たれ。
2. 図書館長は、人を長く見よ。
3. 図書館長は、大過なきを願うな。
4. 図書館長は、常に創造せよ。

5. 図書館長は、一人では何もできないのだ。
6. 図書館長は、沈滞の空気に敏感であれ。
7. 図書館長は、小さな声に耳を傾けよ。
8. 図書館長は、利用者のために存在する。
9. 図書館長は、大きな夢に生きよ。
10. 図書館長は、呑舟の魚であれ。

（小林宏「館長論」『作新学院女子短期大学紀要第18号』作新学院女子短期大学紀要委員会、1994、154－157ページ）

ランガナタンの「図書館の五法則（原則）」は斯界で広く知られる図書館員の矜持たるものですが、この10か条も、図書館現場を、図書館長の姿勢をみごとに活写しているものと思えます。特に「5 図書館長は、一人では何もできないのだ」は、私も現職時代、同様のことをよく口にしました。「招聘されてきたのだから、館長の好きなようにやっていいから」との市民や職員の励ましに、私はこう答えました。「図書館は個人であるIではできない仕事です。複数のWeでなければ、図書館サービスは回りません。すべて、職員と価値観を共有して進めなければ、私が館長を辞したときに、来館者の質問に「これは前館長がやったこと。私たちにわかりません」と、なってしまいますから」と。

確かに、館長は改革の旗手でなければなりません。しかし、改革は強引であってはなりません。時には職員と激しく対峙することもあるかもしれません。しかし、じっくり職員と話し合ってください。図書館サービスはあくまでWeで提供するものであることを忘れないでください。

いかがでしたでしょうか。図書館長って大変だなあ、と嘆息されているでしょうか。それとも、何かやる気が出てきた、と熱いものが自分の中でわき上がってきているでしょうか。もしも、後者のような感情になっていただけたのなら、著者として本望です。まずは、明日の出勤時の服装から注意しましょう。スタッフはもとより、利用者の皆さんも、館長の一挙手一投足に関心を持っているのです。また、スタッフの皆さんは、本著を読んで、館長の大変さに少しでも気づかれたと思います。お互い十分に理解しあうことで、素晴らしい図書館サービスに結実するはずです。互いに疑心暗鬼では、良いサービスなどできるはずはありません。

最後に、嘆息されている方がいましたら、これまで述べてきましたように、図書館は館長一人で手におえるものではありません。気負わずに、スタッフに胸襟を開いて話し合うことから始めましょう。スタッフは、館長が悩みを吐露してくれることを待っていると思います。

おわりに

本著は、新任図書館長を主たる読者に想定して書きました。ベースになっているのは、私の鹿嶋市、塩尻市での6年間の図書館長の経験と、館長も含めて図書館に勤務した14年の実践です。

Ⅲ部で述べましたように、図書館長は改革者でなければなりません。改革とは、技術を磨くこと以上に、精神的なものが優先されます。要は「やる気」です。そのために、書いたのが本著であり、たくさんのやる気にたどる糸口を示したつもりです。図書館サービスは法規と理念で支えられています。予算がないとできない、と諦めるようなことはほとんど書いてありません。市民や部下が望む館長の姿勢を書いたつもりです。

図書館長に言及したもので、司書の資格を条件のように書いてあるものもありますが、図書館長は司書の資格がないことを卑下することはありません。持っていることは望ましいことではありますが、他部署での豊富な行政経験や、民間でのキャリアこそ、図書館には必要なのです。図書館にたどり着くまでの道程で、図書館に無縁な時間はありません。すべてが図書館で活かすことができます。それだけ、図書館サービスは守備範囲が広いということです。

筆者の卑近な例を挙げれば、選挙管理、法令執務、広報広聴、福利厚生、職員研修、企画等、図書館に異動になる前に経験した仕事がどれだけ図書館に活かせたかしれません。司書から見れば、それはまぶしいほどの知識や技術なのです。ぜひ、それを図書館で活かしてほしいのです。

そして、図書館長は、本好きより人好きであってほしいと思います。たくさんの人と交流し、一日も早く図書館の世界を知り、大いに楽しんでいただきたいというのが本著に込めた筆者の願いです。

繰り返しますが、拙著はあくまで、高尚な「図書館長論」を著したものではありません。今後の研究の高まりとなれば、との思いで上梓したものです。不十分な論考等、経験豊かな諸先輩方にはご指摘いただく点が多々あろうかと思います。ぜひとも、闊達な議論に発展することを祈念しています。

なお、私は現在、図書館員ではありません。大学で図書館情報学を講じ、講演・講義等で全国の図書館員や市民と出会い、そして、ラジオのパーソナリティとして、日本では数少ない図書館と本と音楽の番組を通じ、全国のリスナーとつながっています。ラジオはコミュニティFMですが、電波としての受信エリアは限られているものの、インターネットでラジオ放送と同時に世界中で聴くことができます。これはものすごいツールです。

40歳で図書館に出会って以来、ずっと、図書館は私の夢をかなえてくれました。今は、その恩を返すために、図書館初の営業マン、と自称し、一人でも多くの方に、この素晴らしい世界を知ってもらうことを自らに課して活動しています。

最後に、校閲等の協力をしてくれた、元埼玉県鶴ヶ島市立図書館長の若園義彦さん、元埼玉県ふじみ野市立図書館長の秋本敏さん、実践女子大学非常勤講師の大井むつみさん。理想の図書館長像について意見を聞かせてくれた元部下でもある塩尻市立図書館の北澤梨絵子さん、黒木章代さん、前田佳代さん、大澤青加さん、平澤佳英子さん。そして、適時、編集という立場から助言・指導していただいた社長の大塚栄一氏に、この場を借りて深謝します。

本著を読まれ、また一人、図書館の世界に迷い込んでくれたら本望です。

２０１４年４月

内野安彦

索引

あ行

挨拶……61
アフィリエイト広告……141
アメニティ……46
アンケート……114

遺失物法……47
イベント……33
今村幸治郎……86
インターネット……123

NDC……51

OPAC……89

か行

絵画……129
回転率……78
外部資金……122
学習援助……86
貸出冊数……40
学校教育課長……148
学校司書……149
学校図書館……148
学校図書館法……148
環境基本計画……105
監査委員……24

議会……82
稀覯本……127
議事録……104
寄贈……128
寄託……142
基本計画……109
行政支援サービス……152
郷土資料……75
業務委託……19

グリーフケア……111
クレーム……40

研究ノート……67

公共サービス……141
交付金……122
広報……116
広報紙……130
公募館長……66
公立図書館の任務と目標……64
国際規格……113
古書店……156
個人情報……36

個人情報の保護に関する法律 …… 36
子ども読書推進計画 …… 106
こども文庫助成 …… 123
子どもゆめ基金 …… 123
コミュニティ助成事業 …… 123
コラボレーション …… 131
これからの図書館像 …… 116
混配 …… 72
コンプライアンス …… 165

さ行

サイン …… 51
雑誌スポンサー制度 …… 141

視聴覚資料 …… 71
実施計画 …… 109
指定管理者 …… 17
児童サービス …… 106
市民団体 …… 122
社会教育調査 …… 20
住民一人あたりの貸出冊数 …… 114
出版業界 …… 143
出版社 …… 143
出版文化 …… 144
出版文化産業振興財団 …… 19
証拠書類 …… 127
常任委員会 …… 102
招聘館長 …… 66
職員報 …… 132
除籍 …… 25
書店 …… 64
書店組合 …… 147
資料収集方針 …… 63

数値目標 …… 115

政府刊行物 …… 116
接遇 …… 40
全国図書館大会 …… 96
選書 …… 17
専門書 …… 114

総合計画 …… 109
組織風土 …… 28

た行

棚の鮮度管理 …… 79
多文化サービス …… 186
男女共同参画基本計画 …… 105

地域住民 …… 120

地域資料……76
地域福祉推進計画……105
逐次刊行物……75
地方紙……137
地方自治法……109
地方障害者計画……105
中心市街地活性化基本計画……111
著作権法……36

テーマブックス……70
点訳……31

闘病記……73
登録者数……115
登録率……115
読書アドバイザー……20
読書案内……72
読書推進運動協議会……34
読書会……86
図書館員の倫理綱領……63
図書館界……66
図書館基本計画……105
図書館協議会……98
図書館システム……120
図書館情報学……29
図書館の自由に関する宣言……56
図書館の設置及び運営上の望ましい基準……64
図書館法……155
図書館めぐり……92
図書館問題研究会……27
図書券……127
取次……143

な行

日本広報協会……96
日本自治体学会……96
日本出版学会……163
日本生涯教育学会……27
日本図書館研究会……27
日本図書館情報学会……27
日本書籍出版協会……143
日本図書館協会……27

は行

排架……51
派遣職員……20

非正規職員……16
表紙見せ……70

服装……33

複本購入 …… 143
古田晁 …… 145
プレスリリース …… 136
フロアワーク …… 60

ベストセラー …… 114

ホームページ …… 133
補助金 …… 122
ホスピタリティ …… 58
POP …… 70
ボランティア …… 89
本の学校 …… 145

ま・や行

MARC …… 62
マスコミ …… 139
まちづくり …… 151

民間委託 …… 21

無料貸本屋 …… 143

メディア …… 133

モチベーション …… 16
モラール …… 16

ヤングアダルト …… 154

ユニバーサルデザイン …… 52

予算査定 …… 107
読み聞かせ …… 31

ら行

ランガナタン …… 69

リスクマネジメント …… 24
リソース …… 86
リフレーミング …… 189
利用者開拓 …… 86
利用者数 …… 114
利用者目線 …… 71
利用率 …… 79

礼節 …… 33
レファレンス …… 116

朗読 …… 31
ロビー活動 …… 104

著者プロフィール

内野 安彦（うちの・やすひこ）

1956年　茨城県に生まれる。
1979年　茨城県鹿島町役場（現鹿嶋市役所）入所。
この間、総務・広報広聴・人事・企画を経て、図書館に配属。
中央図書館長・学校教育課長を務める。
2007年　長野県塩尻市役所からの招聘に応じ、鹿嶋市役所を退職。
同　年　塩尻市役所に入所。
この間、図書館長として、新図書館の開館準備を指揮。
2010年7月に新館開館。
2012年　3月に塩尻市役所を退職。
現　在　常磐大学、熊本学園大学、同志社大学非常勤講師。

筑波大学大学院図書館情報メディア研究科博士後期課程中退。
図書館情報学修士。

図書館長論の試み
—実践からの序説—

2014年5月12日　初版第1刷発行
2017年12月1日　初版第2刷発行

検印廃止

著　者© 内野安彦
発行者　大塚栄一

発行所　株式会社 樹村房
〒112-0002
東京都文京区小石川5丁目11番7号
電話　東京 03-3868-7321
FAX　東京 03-6801-5202
http://www.jusonbo.co.jp/
振替口座　00190-3-93169

デザイン・組版／BERTH Office
印　刷／亜細亜印刷株式会社
製　本／有限会社愛千製本所

ISBN978-4-88367-235-6